通关

TOPIK II

中高级阅读

【韩】卞暎姬　李素然　著

高　飞　译

北京语言大学出版社
BEIJING LANGUAGE AND CULTURE
UNIVERSITY PRESS

社图号 22024

합격의 신 New TOPIK II 읽기 : 중고급（3 ～ 6 급）

Copyright © 2014 by BYUN YOUNG HEE & LEE SO YEON

All rights reserved.

Simplified Chinese copyright © 2022 by Beijing Language and Culture University Press

This Simplified Chinese edition was published by arrangement with Dongyang Books through Agency Liang

此版本仅限在中华人民共和国境内销售。

北京市版权局著作权合同登记图字 01-2019-6763 号

图书在版编目（CIP）数据

　　通关 TOPIK II 中高级阅读 ／（韩）卞暎姬，（韩）李素然著；高飞译 . —北京：北京语言大学出版社，2022.9（2023.1 重印）

　　ISBN 978-7-5619-6085-1

　　Ⅰ .①通…　Ⅱ .①卞…　②高…　Ⅲ .①朝鲜语－水平考试－自学参考资料　Ⅳ .① H55

　　中国版本图书馆 CIP 数据核字（2022）第 099648 号

通关 TOPIK II 中高级阅读
TONGGUAN TOPIK II ZHONGGAOJI YUEDU

排版制作：	北京创艺涵文化发展有限公司
责任印制：	周　燚

出版发行：	北京语言大学出版社
社　　址：	北京市海淀区学院路 15 号，100083
网　　址：	www.blcup.com
电子信箱：	service@blcup.com
电　　话：	编辑部　　8610-82300087/0358/1019
	发行部　　8610-82303650/3591/3648
	北语书店　8610-82303653
	网购咨询　8610-82303908
印　　刷：	天津嘉恒印务有限公司

版　　次：	2022 年 9 月第 1 版	印　　次：	2023 年 1 月第 2 次印刷
开　　本：	787 毫米 × 1092 毫米　1/16	印　　张：	13
字　　数：	263 千字		
定　　价：	46.00 元		

前　言

　　本书按题型整理了TOPIK中高级阅读的内容。编写时，选取了考试中常见的词汇及主题，以求最大程度地满足考生们的备考需求。

　　第1章难度相当于中级，第2章相当于高级，各章包含例题、高分捷径、练习等板块。考生们可仔细研究例题，之后阅读高分捷径，最后通过做练习巩固。通过对同一题型的反复练习，达到充分掌握题型的目的。

　　本书提供两套模拟试题，希望考生能在规定的时间（70分钟）内答题，以此检验复习成果。所有练习、模拟试题均提供电子版题库，可扫描封面二维码获取。

　　电子版单词学习本提供若干题型里已考过的高频内容，可以帮助考生在尽可能短的时间内更好备考。另外，单词学习本还提供考试提高词汇及表达，同时提供汉、英两种释义。单词学习本支持使用手机随时随地复习。

　　很多考生的阅读能力比较弱，但其实即使材料比较长，也没必要觉得难。正确答案就在材料中，而且有时材料中就包含很多常识性的内容，因此只要以一颗平常之心好好准备，就一定会取得好的成绩。

　　只要大家相信自己，认真准备，就一定会取得好成绩。期待与大家一起分享考试通过的喜悦。最后，祝大家高分通过考试。

本书构成及使用方法

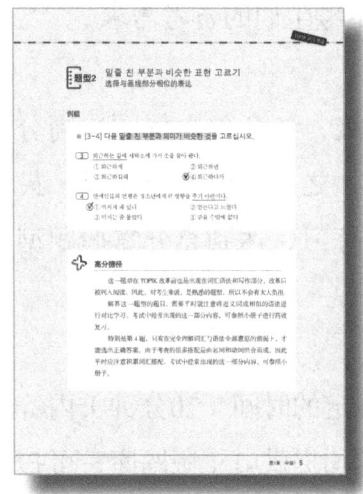

例题
本书例题均根据最新题型编写。

高分捷径
简明扼要地整理了各个题型必须掌握的答题要点，并指明重点学习内容。

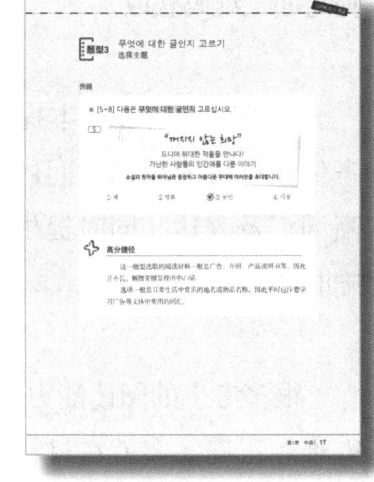

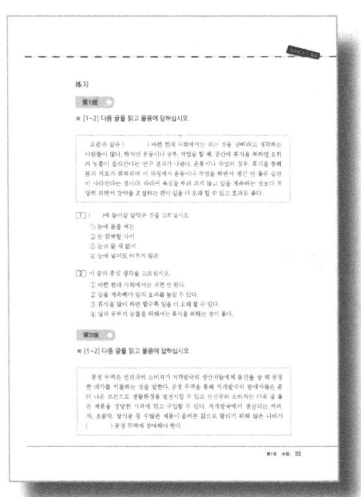

练习
提供高仿真习题。
不仅题型与真题目一样，材料种类和难度也很相似。

模拟试题

提供两套模拟试题，通过在规定时间内答题，考生可以尽快找出不足之处。

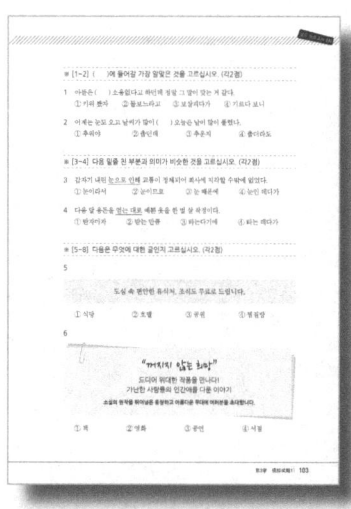

若干题型高频考点

单词学习本根据已出真题提供若干题型高频考点，可极大提高备考效率。

单词学习本为电子版，扫描封面二维码可获取。

提高词汇

选取书中的重点单词，提供汉、英双语释义，而且收录了其近义词。

目录

第2章 高级

第3章 模拟试题

第1章　中级

🌐 中级介绍

1 ( )에 알맞은 어휘와 문법 고르기 选择适合填入（ ）的词和语法结构
2 밑줄 친 부분과 비슷한 표현 고르기 选择与画线部分相似的表达
3 무엇에 대한 글인지 고르기 选择主题
4 내용과 같은 것 고르기 选择内容相符项
5 순서대로 맞게 배열하기 排序
6 ( )에 들어갈 내용 고르기 选择适合填入（ ）的一项
7 ( )에 알맞은 어휘 + 내용과 같은 것 고르기
　　选择适合填入（ ）的词+选择内容相符项
8 ( )에 알맞은 관용 표현 + 중심 생각 고르기
　　选择适合填入（ ）的惯用表达+选择中心思想
9 심정 + 내용과 같은 것 고르기
　　选择心情+选择内容相符项

中级（3~4级）阅读介绍

　　TOPIK II 阅读部分共 50 道题。其中，第 1 ~ 24 题为中级题，每题 2 分。共 9 种题型，题型 1~6 每题只提出一个问题，题型 7~9 每题提出两个问题。
　　若想在阅读部分取得理想的分数，就必须打牢词汇和语法基础，建议可以搭配本系列的中级词汇和中级语法分册学习。此外，还应该掌握各题型的解题技巧。

题型1 ( )에 알맞은 어휘와 문법 고르기
选择适合填入 ( ) 的词和语法结构

例题

※ [1~2] ( )에 들어갈 가장 알맞은 것을 고르십시오. (각 2점)

1 아들은 ( ) 소용없다고 하던데 정말 그 말이 맞는 거 같다.
  ☑① 키워 봤자　　　　　　　② 돌보느라고
  ③ 보살피다가　　　　　　　④ 기르다 보니

2 어제는 눈도 오고 날씨가 많이 ( ) 오늘은 날이 많이 풀렸다.
  ① 추워야　　　　　　　　　☑② 춥던데
  ③ 추운지　　　　　　　　　④ 춥더라도

 高分捷径

　　这一题型要求考生根据已经掌握的词汇、语法知识选择适合填入括号的一项，这就要求考生平时就要注意打好词汇、语法基础。

　　特别是第1题，必须在明白题干、选项意思的前提下才能选出正确答案，因而需要特别注意。而且由于选项多为近义词或反义词，学习词汇时应将近义词和反义词放在一起掌握。

练习

请扫描封面二维码，获取电子书、题库、单词学习本等资源。

第1组

※ [1~2] ( )에 들어갈 가장 알맞은 것을 고르십시오. (각 2점)

1 그는 아내의 잔소리를 ( ) 화를 내며 밖으로 나가 버렸다.
　① 참다못해　　　　　　　　② 막으려고
　③ 견딜까 봐　　　　　　　　④ 이겨내므로

2 오늘은 그녀의 결혼식이니까 분명 그녀는 ( ).
　① 예쁜 편이다　　　　　　　② 예쁠 것이다
　③ 예쁠 수도 있다　　　　　　④ 예쁠지도 모른다

第2组

※ [1~2] ( )에 들어갈 가장 알맞은 것을 고르십시오. (각 2점)

1 오늘 경기는 ( ) 우리 반이 이길 거야. 지난번에도 큰 점수 차로 이겼거든.
　① 예상하나 마나　　　　　　② 상상하는 김에
　③ 떠오르는 만큼　　　　　　④ 추측하기는커녕

2 개인 정보가 유출되면 사이버 범죄로 ( ).
　① 이어져온다　　　　　　　② 이어질 줄 모른다
　③ 이어지기 마련이다　　　　④ 이어질 리가 없다

第3组

※ [1~2] ( )에 들어갈 가장 알맞은 것을 고르십시오. (각 2점)

1 그는 나에게로 조용히 ( ) 꽃다발과 반지를 주며 프러포즈를 하였다.
　① 나타나며　　　　　　　　② 다가오더니
　③ 다녀오면서　　　　　　　④ 뛰어오는 바람에

2 나는 요즘 일도 많고 ( ) 친구를 만날 틈이 없다.
　① 바쁘다니　　　　　　　　② 바쁠까 봐
　③ 바쁘다가도　　　　　　　④ 바쁘고 해서

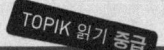
 题型2 밑줄 친 부분과 비슷한 표현 고르기
选择与画线部分相似的表达

例题

※ [3~4] 다음 **밑줄 친 부분과 의미가 비슷한 것**을 고르십시오. (각 2점)

③ 퇴근하는 길에 세탁소에 가서 옷을 찾아 왔다.
　① 퇴근하게　　　　　　　② 퇴근하면
　③ 퇴근하길래　　　　　☑④ 퇴근하다가

④ 연예인들의 언행은 청소년에게 큰 영향을 주기 마련이다.
　☑① 끼치게 돼 있다　　　② 얻는다고 느꼈다
　③ 미치는 줄 몰랐다　　　④ 받을 수밖에 없다

✚ 高分捷径

　　解答这一类题型的题目，需要平时就注意对近义词或相似的语法结构进行对比学习。考试中经常出现的这一部分内容，可参照电子版单词学习本进行高效复习。

　　特别是第4题，只有在完全理解单词与语法结构全部意思的前提下，才能选出正确答案。由于考查的很多搭配是由名词和动词组合而成，因此，平时应注意积累词汇搭配。考试中经常出现的这一部分内容，可参照电子版单词学习本。

练习

请扫描封面二维码，获取电子书、题库、单词学习本等资源。

第1组

※ [3~4] 다음 밑줄 친 부분과 의미가 비슷한 것을 고르십시오. (각 2점)

③ 결혼할 상대는 돈이 많고 말고 간에 성격이 가장 중요하다고 생각한다.
　　① 많은데다가　　　　　　　② 많기 때문에
　　③ 많을 것 같아서　　　　　④ 많든지 상관없이

④ 오늘 저녁에 집들이를 한다면서 음식을 좀 마련하지 그래요?
　　① 장만할까 했어요　　　　② 준비하려고 해요
　　③ 준비하는 게 어때요　　④ 장만할 걸 그랬어요

第2组

※ [3~4] 다음 밑줄 친 부분과 의미가 비슷한 것을 고르십시오. (각 2점)

③ 그 사람은 나의 선생님이자 유명한 감독이다.
　　① 선생님이므로　　　　　② 선생님인 동시에
　　③ 선생님이라고 해서　　④ 선생님이기 때문에

④ 후배가 일자리를 원한다고 해서 지인들의 연락처를 알려 주었다.
　　① 찾을까 봐　　　　　　　② 찾는다기에
　　③ 구하기는커녕　　　　　④ 구할 뿐만 아니라

第3组

※ [3~4] 다음 밑줄 친 부분과 의미가 비슷한 것을 고르십시오. (각 2점)

③ 오늘 일기예보에 의하면 곧 태풍이 온다고 하니 주의하세요.
　　① 일기예보에 관하면　　② 일기예보에 비하면
　　③ 일기예보에 대하면　　④ 일기예보에 따르면

④ 남부지역은 며칠 동안 계속된 폭우로 인하여 많은 피해를 입은 모양이다.
　　① 입었나 보다　　　　　　② 당할 뻔 했다
　　③ 당하는 셈 쳤다　　　　④ 입으려던 참이다

 **题型3** 무엇에 대한 글인지 고르기
选择主题

例题

> ※ [5~8] 다음은 **무엇에 대한 글인지** 고르십시오. (각 2점)
>
> ⑤
>
> "꺼지지 않는 희망"
>
> 드디어 위대한 작품을 만나다!
> 가난한 사람들의 인간애를 다룬 이야기
>
> **소설의 원작을 뛰어넘은 웅장하고 아름다운 무대에 여러분을 초대합니다.**
>
> ① 책　　　　② 영화　　　　☑③ 공연　　　　④ 서점

 高分捷径

　　这一题型选取的阅读材料一般是广告、产品说明书等，因此并不长，解题关键是找出中心词。

　　选项一般是日常生活中常见的地名或物品名称，因此，平时应注意学习广告等文体中常用的词汇。

练习

请扫描封面二维码，获取电子书、题库、单词学习本等资源。

第1组

※ [5~8] 다음은 무엇에 대한 글인지 고르십시오. (각 2점)

5

'여보세요'는 여기를 보라는 말입니다.
어머니가 보고 싶은 마음으로 걸었습니다.

① 신발 　　　 ② 거울 　　　 ③ 전화 　　　 ④ 사진

6

온 가족이 여름만을 기다렸다!

설악산 앞에 위치한 이곳에는 할아버지, 할머니를 위한 온천
엄마, 아빠를 위한 국내 최대 높이의 파도
아이들을 위한 놀 거리가 풍부합니다. 온 가족이 함께 즐기세요.

※ 단, 애완동물은 데리고 올 수 없습니다.

① 산 　　　 ② 공원 　　　 ③ 동물원 　　　 ④ 워터파크

7

1. 대출기간은 7일간이며 기한을 꼭 지키시기 바랍니다.
2. 도서를 분실하였을 경우, 같은 도서로 변상해야 합니다.

※ 대출 시, 회원증을 지참하셔야 합니다.

① 일정 안내 　　　 ② 이용 방법 　　　 ③ 도서 안내 　　　 ④ 회원 모집

8

우리 하나가 되어
- 다문화가족 공연 -

세계 각 나라의 전통 음악을 듣고 함께 노래를 배워보는
시간도 마련되어 있습니다.

＊일시 : 12월 23일 오후 2시~6시
＊장소 : 서울시 시립공연장
＊관람료 : 무료

① 공연 일정　　② 공연 안내　　③ 노래교실 일정　　④ 노래교실 안내

第2組

※ [5~8] 다음은 무엇에 대한 글인지 고르십시오. (각 2점)

5

옛날 할머니와 할아버지들이 입었던 옷과 사용했던 물건들을
직접 만나볼 수 있습니다.
역사책에 나오는 조상들의 생활필수품에서부터
그림이나 글과 같은 작품까지 한곳에!

① 가구점　　　② 박물관　　　③ 미술관　　　④ 백화점

6

발이 닿는 곳이라면 어디라도 함께

지치고 힘든 당신을 위해 걸을수록 편하고 신을수록 좋아지는 친구!

① 자전거　　　② 휴대폰　　　③ 운동화　　　④ 자동차

7

큰 집으로 이사했습니다!

여러분의 성원에 힘입어 우리치과가 명동성당 앞으로 옮기게 되었습니다.

일시 : 11월 22일(수) 10:00

장소 : 명동성당 앞 우리빌딩 2층 우리치과

※ 기존 고객 재방문 시에 소정의 사은품을 드릴 예정입니다.

① 공연 안내   ② 상품 안내   ③ 할인 안내   ④ 이전 안내

8

50% 할인 쿠폰

☆ 이 쿠폰은 수령 확인을 한 그 날부터 최대 1년까지 사용하실 수 있습니다.
☆ 이 쿠폰은 타인에게 양도가 불가능합니다.

① 사용 기간   ② 교환 방법   ③ 사용 방법   ④ 이용 순서

第3组

※ [5~8] 다음은 무엇에 대한 글인지 고르십시오. (각 2점)

5

햇빛에 말린 것처럼
항상 **뽀송뽀송**하게~
일주일 내내 비가 와도 걱정 없어요.

① 우산   ② 가습기   ③ 청소기   ④ 건조기

[6]

온천수로 즐기는 24시간 웰빙 공간

"힐링 파라다이스"

건강한 삶을 추구하는 도심 속의 종합 휴양지
몸과 마음에 쌓인 하루의 피로를 깨끗이 풀어드립니다.

① 목욕탕   ② 세탁소   ③ 영화관   ④ 백화점

[7]

추억 교환권

추억의 절반은 사진입니다.
당신의 소중한 추억을
예쁜 액자로 만들어 드려요.

유효기간: 2021. 12. 31
인증번호: 1da370G226

① 수업 안내   ② 여행 상품 소개
③ 사진 전시 안내   ④ 사진 상품권 소개

[8]

본 쿠폰은 현금과 교환되지 않습니다.
본 쿠폰은 전 지점에서 사용 가능합니다.

① 교환 방법   ② 사용 안내
③ 주의 사항   ④ 제품 설명

例题 1

※ [9~12] 다음 글 또는 도표의 내용과 같은 것을 고르십시오. (각 2점)

⑨

부모자녀 독서치료교실

- 일시 : 6월~10월 매주 토요일 10:00~12:00
- 내용 : ① 엄마와 아이가 만드는 동화책
        ② 독서지도방법 점검 후 전문가와 상담
        ③ 아이와 엄마가 함께하는 독서교육 및 독서치료
- 대상 : 엄마+초등학생 자녀
- 혜택 : 아이와 엄마가 만드는 동화책 만들기 재료 & 동화책 증정

＊10월까지 꾸준하게 참여할 수 있는 팀에 한해 신청 받습니다.

① 수업은 한 달에 한 번, 두 시간씩 진행된다.
② 아버지와 아들이 함께 수업에 참여할 수 있다.
③ 6월부터 10월 중 1개월만 수업을 들어도 된다.
☑④ 수업을 들으면 동화책을 선물로 받을 수 있다.

高分捷径

　　该题型共有4道题，各题选取的文章类型并不一样。4道题中一道是广告，一道是图表，另外两道是说明文、散文或新闻报道等。

　　解答这类题型时，并不需要逐字阅读整篇材料，只需将选项中出现的内容在材料中找出来并仔细阅读前后内容即可，这样可以节省不少时间。

例题 2

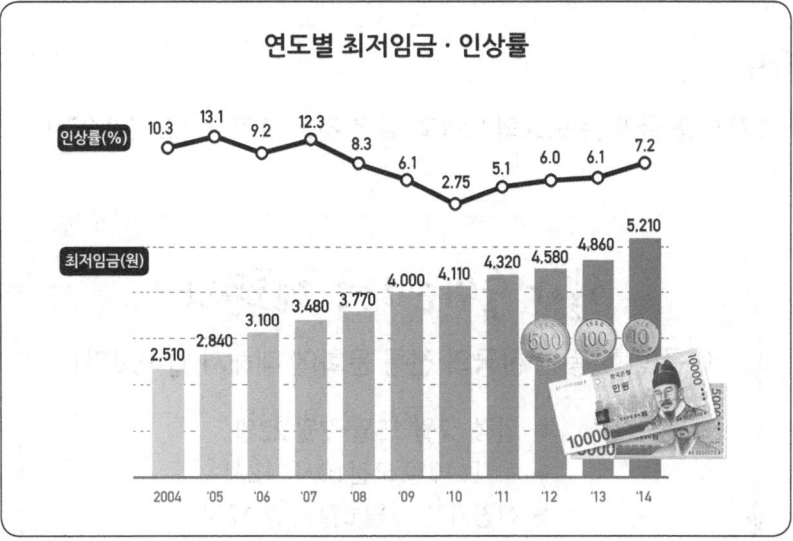

① 최저임금 인상률은 2004년부터 계속 증가하였다.
✔② 2014년에 처음으로 최저임금이 5000원을 넘었다.
③ 최저임금 인상률이 가장 높았던 해는 2014년도였다.
④ 2010년에 최저임금과 최저임금 인상률이 가장 낮았다.

 高分捷径

　　解答图表题，应仔细阅读各个选项并逐一与图表对比确认，因此需要牢固掌握这一题型中经常出现的词汇。

拓展知识　**高频词汇**

· 顺序 : 1위, 기록하다, 다투다, 머무르다
· 数值 : %, 배, 1/2, 반, 이상, 이하, 초과, 미만, 차지하다, 이르다, 불과하다
· 变化 : 꾸준히, 계속, 증가하다, 늘어나다, 상승하다, 감소하다, 줄어들다, 하락하다
· 比较 : 가장/제일, 훨씬, 상대적으로, 비슷하다, 다르다, 뚜렷하다, 고르다, -보다,
　　　　 -에 비해(서), -와 다르게(달리), -만큼
· 预测 : -(으)ㄹ 것으로 전망하다/예측하다/내다보다/관망하다

请扫描封面二维码，获取电子书、题库、单词学习本等资源。

第1组

※ [9~12] 다음 글 또는 도표의 내용과 같은 것을 고르십시오. (각 2점)

9

살아 숨쉬는 한국 전통문화

여름 방학 동안 한국의 전통 문화에 대해서 알아보자!

▶ 일정 : 7월 15일~7월 22일
▶ 시간 : 매일 오전10시~12시
▶ 신청기간 : 7월 6일~7월 12일
▶ 대상 : 1~3학년 희망 학생
▶ 장소 : 도서관 3층 교육실

※ 참여도에 따라 시상(문화상품권 증정)

① 1~3학년 학생은 모두 수업에 참가해야 한다.
② 수업은 방학 동안 하루에 두 시간씩 진행된다.
③ 수업에 참가하려면 오전 12시까지 신청해야 한다.
④ 수업에 참가한 모든 학생들에게 문화상품권을 선물로 준다.

10

연간 커피 소비량 추이(추계치)

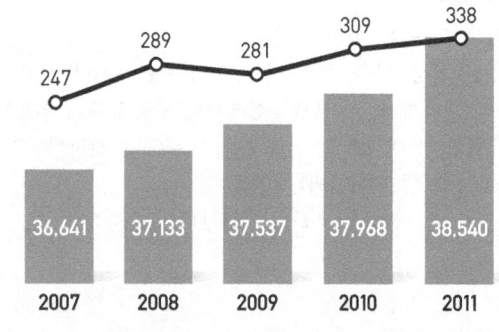

	2007	2008	2009	2010	2011
20세 이상 성인인구수(천명)	36,641	37,133	37,537	37,968	38,540
연간 커피 음용수(잔/인당)	247	289	281	309	338

① 1인당 연간 커피 소비량은 꾸준히 증가해 왔다.
② 20세 이상의 성인인구수는 매년 증가하고 있다.
③ 커피 소비량은 매년 증가와 감소를 반복하고 있다.
④ 2009년에 20세 이상의 커피 소비량이 가장 낮았다.

⑪

　　서울 사랑누리봉사단은 다음 달 10주년 기념일을 맞이하여 8월 15일에 기념행사를 마련했다. 자매결연 복지시설인 '사랑의 집'을 방문하여, 위문품을 전달하고, 장마 기간 동안 눅눅해진 이불과 침구류를 세탁하고 시설을 청소하는 등 따뜻한 사랑을 나누는 시간을 가질 예정이다. 기념행사에 함께 할 봉사 단원들은 15일 오전 9시까지 사랑의 집으로 오면 된다. 봉사가 끝난 후에는 그동안 봉사활동을 열심히 한 단원들 중에서 모범 단원을 뽑아 시상도 할 예정이다.

① 봉사에 참여한 모든 단원들에게 상을 줄 예정이다.
② 다음 달로 사랑누리봉사단이 생긴 지 20년이 된다.
③ 봉사 단원들은 기념일 당일에 사랑의 집으로 직접 간다.
④ 봉사 단원들은 기념행사를 위해서 위문 공연을 준비했다.

⑫

　　국내 에어컨 판매량이 급증해, 올해는 역대 최대치인 210만여 대가 팔릴 것으로 예상되고 있다. 이는 작년에 팔린 180만 대 대비 17%가량 증가한 수치이다. 또한 국내의 모든 에어컨 제조 회사에서 올해 5월까지 판매된 에어컨이 이미 작년보다 3배가량 늘었다고 한다. 이는 작년보다 너무나 빨리 찾아온 더위 때문인 것으로 분석된다.

① 에어컨이 가장 많이 팔린 해는 작년이다.
② 에어컨 판매량이 국외에서보다 국내에서 높다.
③ 이른 더위로 인하여 작년에 에어컨이 많이 팔렸다.
④ 올해 상반기 에어컨 판매량이 전체적으로 증가하였다.

※ [9~12] 다음 글 또는 도표의 내용과 같은 것을 고르십시오. (각 2점)

⑨

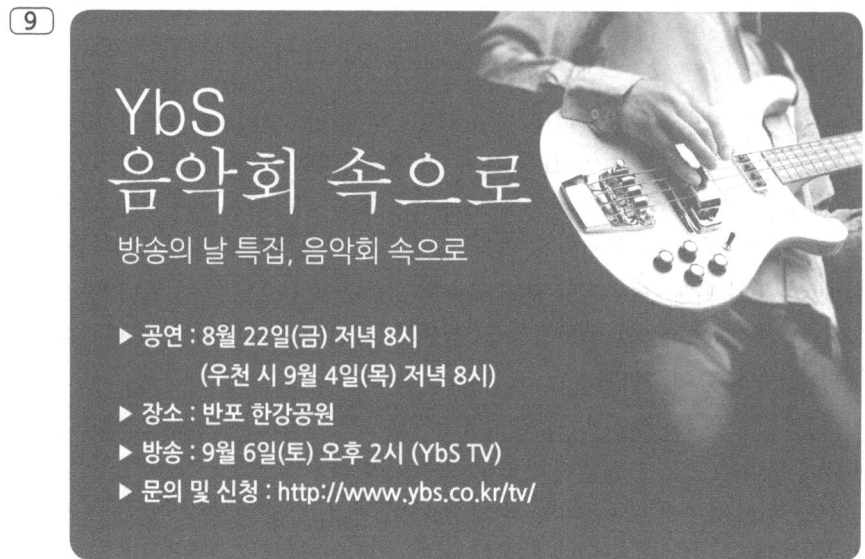

① 이 음악회는 8월과 9월에 두 번 공연을 실시한다.
② 이 음악회는 방송의 날을 맞아 방송국에서 열린다.
③ 이 음악회는 텔레비전을 통해 9월 6일에 볼 수 있다.
④ 이 음악회에 가려면 방송국에 이메일을 보내면 된다.

⑩

지하철 호선별 임대가격 비교

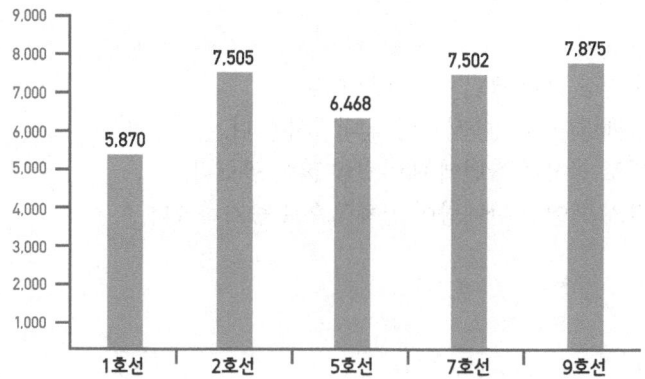

국토교통부 2020년 상반기 주택 실거래자료 (환산전세가 기준)

① 임대 가격은 호선별로 뚜렷한 차이가 없다.
② 지하철 호선 중에서 2호선 라인의 임대 가격이 가장 높다.
③ 임대 가격이 가장 높은 호선은 9호선, 그 다음으로는 7호선이다.
④ 지하철 1호선과 5호선은 임대 가격이 상대적으로 저렴한 것으로 나타났다.

⑪

동대문 쇼핑센터에서는 오는 17일 오후 7시 30분 쇼핑센터를 방문하는 고객들을 대상으로 국내 최고의 마술가인 최진성의 매직쇼를 선보인다고 밝혔다. 이날 최진성은 재치 있는 입담으로 관객들을 마술의 세계로 안내할 것이며 보는 이의 눈을 의심하게 만드는 카드마술 등 다양한 마술을 펼칠 예정이다. 특히 무작위로 선정한 관객과 함께 마술을 진행해 단순히 공연을 보는 것을 넘어서 마술을 체험하는 즐거움도 제공한다. 무료로 진행되는 이 날 공연은 선착순 1500명이 입장할 수 있으며, 오후 4시부터 입장이 가능하다.

① 최진성은 쇼핑센터에서 안내를 담당하고 있다.
② 이 공연은 오후 4시에 시작하여 3시간 넘게 진행된다.
③ 공연에 직접 참여하고자 하는 관객들에게 미리 신청을 받는다.
④ 쇼핑센터를 방문하는 고객들은 티켓 구매 없이 입장할 수 있다.

⑫

딸아이가 4돌이 넘어가면서부터는 함께 여기저기 다니는 게 할 만해졌다. 대화도 되고 사진을 찍어주려고 하면 포즈도 잘 잡아 준다. 무엇보다 걸어 다닐 때 힘들다며 안아달라는 소리를 하지 않아 많이 수월해졌다. 겨울에 딸아이가 눈썰매장에 가고 싶다고 조르는데 추위를 많이 타는 딸을 데리고 나갈 엄두가 나지 않았다. 그런데 신문에서 실내 눈썰매장이 있다는 소식을 보고 간만에 둘만의 데이트를 하기로 했다.

① 딸과 엄마는 둘이서 자주 데이트를 한다.
② 딸은 대화는 물론 직접 사진 촬영도 할 수 있다.
③ 딸이 4살이 지나면서 밖에 데리고 나가는 게 편해졌다.
④ 엄마는 추위를 많이 타서 딸과 추운 곳에 나갈 생각을 못 했다.

※ [9~12] 다음 글 또는 도표의 내용과 같은 것을 고르십시오. (각 2점)

9

세게 소리 축제 참가 신청 안내

▶ **축제 기간** : 10월 1일(화)~10월 5일(토)
▶ **접수 기간** : 8월 1일(목)~8월 31일(토)
▶ **참가 자격** : 축제에 참가하고자 하는 사람은 누구나
▶ **신청 방법** : 이메일 또는 우편 접수
▶ **결과 발표** : 9월 10일(화) 홈페이지에 공고

＊자세한 사항은 홈페이지를 참고하세요.
＊국적, 나이, 성별에는 제한이 없습니다.

① 인터넷으로만 참가 신청을 할 수 있다.
② 참가 신청을 할 수 있는 기간은 한 달이다.
③ 서류를 통과한 사람에게는 개별적으로 통보한다.
④ 한국 국적이 아닌 외국인은 참가 신청을 할 수 없다.

10

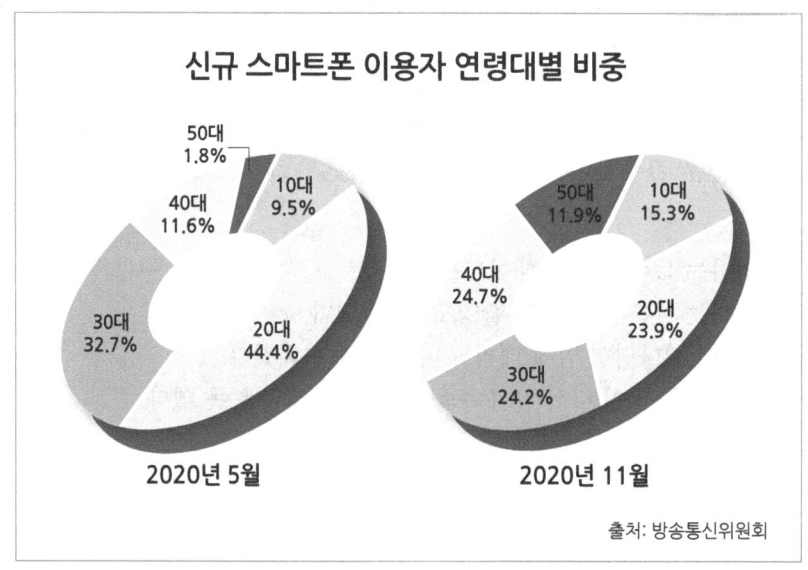

신규 스마트폰 이용자 연령대별 비중

2020년 5월
50대 1.8%
10대 9.5%
40대 11.6%
30대 32.7%
20대 44.4%

2020년 11월
50대 11.9%
10대 15.3%
40대 24.7%
20대 23.9%
30대 24.2%

출처: 방송통신위원회

① 하반기에는 20대의 신규 스마트폰 이용자가 가장 많다.
② 10대의 신규 스마트폰 사용자는 11월에 들어서 줄어들었다.
③ 하반기에 들어서 50대의 신규 스마트폰 이용자가 증가했다.
④ 5월에는 연령대별 신규 스마트폰 이용자가 고르게 나타났다.

⑪

이번 달 30일에서 31일까지 강원도 춘천의 남이섬에서 두 번째로 '뮤직 페스티벌'이 열릴 예정이다. 남이섬의 아름다운 자연과 함께 도시 생활 속에서 지친 몸과 마음을 치료하자는 취지로 마련한 공연이다. 기존의 음악 페스티벌과는 달리 이번 공연은 초등학생부터 70, 80세대까지 다양한 연령층을 대상으로 누구나 즐길 수 있도록 준비했으며 밤 9시가 되면 모든 공연이 끝난다.

① 이 공연은 밤새도록 즐길 수 있다.
② 남이섬에서 처음으로 공연이 개최된다.
③ 공연과 함께 아픈 곳을 치료받을 수 있다.
④ 이번 공연은 온 가족이 모두 즐길 수 있다.

⑫

빛이 없는 공간, 아무것도 보이지 않는 어둠 속의 세상에도 우리가 상상하는 모든 것들이 존재한다. '어둠 속의 대화' 전시는 완전한 어둠 속 공간에서 이루어지며 관람객들은 전문 가이드의 안내를 받으면서 관람한다. 전시장은 여러 가지 주제로 구성되어 있으며 모든 전시를 관람하는 데 약 90분 정도가 소요된다. 전시는 무료이지만 관람을 원한다면 온라인에서 사전에 예약을 해야 한다. 전시장에는 매 15분 간격으로 8명씩 입장할 수 있다.

① 이 전시는 어두운 밤에 관람할 수 있다.
② 전시를 모두 보려면 15분 정도가 걸린다.
③ 전시를 보고 싶은 사람은 미리 표를 사야 한다.
④ 전시장에는 가이드와 함께 8명씩 들어갈 수 있다.

순서대로 맞게 배열하기
排序

例题

※ [13~15] 다음을 순서대로 맞게 배열한 것을 고르십시오. (각 2점)

13
> (가) 만약 해파리에 쏘였다면 식초나 바닷물로 상처 부위를 씻어낸 후 독이 퍼지기 전에 긁어내야 한다.
> (나) 왜냐하면 민물로 독을 씻어내는 과정에서 독이 몸에 퍼질 수도 있기 때문이다.
> (다) 해파리에 쏘이면 상처 부위를 수돗물이나 생수 등 민물로 씻으면 안 된다.
> (라) 또한 강독성 해파리에 쏘였다면 응급조치 후 빨리 병원에서 치료를 받아야 한다.

① (가)-(라)-(나)-(다)　　　✔② (다)-(나)-(가)-(라)
③ (가)-(나)-(라)-(다)　　　④ (다)-(가)-(라)-(나)

高分捷径

　　很多考生认为这一题型是难点，其实没有必要害怕。在下边的"拓展知识"中，我们将解题的技巧概括为两部分，运用这些技巧，解题时便不会觉得有困难。牢固掌握高频词汇并灵活运用下边拓展知识中的技巧，问题就会迎刃而解。

拓展知识　**句子的顺序**

·**第一句话的特征**
第一句话中经常会出现像"-은/는""-이/가""-(이)란"等提示主语的语法结构。

- 后续句子（第一句话之后的句子）特征

① "이" "그" "이렇게" "이러한" "이로 인해"等指代的是前面已经出现过的内容，因此经常在后续句子中出现。

② 很多情况下，前句中陈述某一事实，后句中对其原因进行解释。此时，后续句子中经常会出现 "–때문에" "–아/어서" "–(으)니까"等表示原因的语法。

③ "또한" "그래서" "하지만"等连接词经常出现在句与句之间，并多用于后续句中。

④ "따라서" "그러므로"等往往与结论连用，因此出现于最后一句的概率非常大。

练习

请扫描封面二维码，获取电子书、题库、单词学习本等资源。

第1组

※ [13~15] 다음을 순서대로 맞게 배열한 것을 고르십시오. (각 2점)

⑬

> (가) 낙타의 혹이 늘어져 있다면 지방이 부족하다는 뜻이다.
> (나) 그것을 보고 혹 안에 물이 들어 있다고 생각할 수도 있다.
> (다) 낙타의 혹은 늘어져 보이기도 하고 단단해 보이기도 한다.
> (라) 하지만 낙타의 혹에는 물이 아니라 지방이 저장되어 있다.

① (가)-(다)-(라)-(나)　　　　② (다)-(나)-(라)-(가)
③ (가)-(다)-(나)-(라)　　　　④ (다)-(나)-(가)-(라)

⑭

> (가) '부익부 빈익빈'이라는 말이 있다.
> (나) 그러므로 정부에서는 양극화를 해소하기 위해 제대로 된 정책을 마련해야 한다.
> (다) 이러한 경제 양극화는 여러 가지 부작용을 일으킨다.
> (라) 이는 부자는 더 부유해지고 가난한 사람은 더 가난해진다는 뜻이다.

① (다)-(가)-(나)-(리)　　　　② (가)-(라)-(나)-(다)
③ (다)-(가)-(라)-(나)　　　　④ (가)-(라)-(다)-(나)

⑮

> (가) 번개에 맞았다는 것은 그곳이 전기 에너지를 강하게 끌어당긴다는 뜻이므로 오히려 번개에 또 맞을 가능성이 높다는 것이다.
> (나) 번개는 같은 장소에 두 번 치지 않는다는 말은 사실이 아니다.
> (다) 따라서 높은 빌딩은 두 번 연속해서 번개에 맞는 일이 많다.
> (라) 그 예로 시카고에 있는 110층짜리 빌딩은 두 번 연속 번개를 맞기도 했다.

① (나)-(가)-(다)-(라)　　　　② (라)-(나)-(가)-(다)
③ (나)-(라)-(다)-(가)　　　　④ (라)-(다)-(나)-(가)

第2组

※ [13~15] 다음을 순서대로 맞게 배열한 것을 고르십시오. (각 2점)

⑬

> (가) 남을 돕는 일이란 힘 있는 사람들만 하는 것이 아니다.
> (나) 이 단체는 어려움에 처한 사람을 찾아서 지속적, 전문적으로 도와주는 일을 한다.
> (다) 그것을 보여주기 위해 '좋은 이웃사촌'이라는 단체를 만들었다.
> (라) 힘이 없는 사람들도 다 함께 힘을 모아 큰 힘을 만들 수 있다.

① (가)-(라)-(나)-(다)　　　② (라)-(나)-(가)-(다)
③ (가)-(라)-(다)-(나)　　　④ (라)-(가)-(나)-(다)

⑭

> (가) 이들은 자연과의 교감을 통해 유아가 완전한 어른으로 성장해 주기를 기대한다.
> (나) 현대사회의 유아들은 좁은 실내에서 하루 종일 바쁜 일정을 소화해내고 있다.
> (다) 이러한 유아의 마음과 신체를 자연을 통해 치유하려는 사람들이 생겨났다.
> (라) 이로 인해 주의가 산만하거나 감정 조절에 어려움을 갖는 유아들이 증가하고 있다.

① (나)-(라)-(다)-(가)　　　② (다)-(가)-(라)-(나)
③ (나)-(다)-(가)-(라)　　　④ (다)-(가)-(나)-(라)

⑮

> (가) 뇌는 느린 이성적 판단보다는 빠른 감정적 판단을 하려고 한다.
> (나) 따라서 생존을 위해 이성의 뇌보다 감정의 뇌를 주요 사고체계로 삼게 되었다.
> (다) 그 결과 우리는 이 사고체계에 따라 부정확하지만 빠른 판단을 해오고 있다.
> (라) 이러한 판단을 하는 것은 우리의 뇌가 '합리'보다 '생존'을 우선시하기 때문이다.

① (나)-(가)-(다)-(라)　　　② (가)-(라)-(나)-(다)
③ (나)-(가)-(라)-(다)　　　④ (가)-(다)-(나)-(라)

※ [13~15] 다음을 순서대로 맞게 배열한 것을 고르십시오. (각 2점)

⑬

(가) 실험 결과 70%의 여성이 페로몬을 뿌린 남성에게 호감을 나타냈다.
(나) 얼마 전 페로몬의 효능이 방송 매체에 소개되며 큰 화제를 불러 모았다.
(다) 이처럼 실험을 거쳐 페로몬이 사랑의 묘약이라는 사실이 입증되자 이 성분을 사용한 신제품 향수에 많은 사람들의 관심이 집중되었다.
(라) 그 방송에서는 페로몬의 효능을 밝히기 위해서 사람들을 대상으로 임상 실험을 했다.

① (나)-(다)-(라)-(가)
② (라)-(가)-(나)-(다)
③ (나)-(라)-(가)-(다)
④ (라)-(나)-(다)-(가)

⑭

(가) 건강을 해치는 행동 중에 대표적인 것이 바로 다리를 꼬는 자세이다.
(나) 무심코 하는 행동이 우리의 건강을 해칠 수도 있다.
(다) 이러한 문제를 해결하기 위해서는 되도록 다리를 꼬는 시간을 줄여야 하며, 꼬더라도 자주 다리의 방향을 바꿔주도록 하는 것이 좋다.
(라) 이 자세는 무릎 관절과 골반에 부담을 주어 균형을 유지할 수 없게 한다.

① (라)-(다)-(나)-(가)
② (나)-(다)-(라)-(가)
③ (라)-(가)-(나)-(다)
④ (나)-(가)-(라)-(다)

⑮

(가) 그러나 주부들이 식재료를 보관할 때 흔히 사용하는 랩이나 비닐은 생각보다 공기가 잘 통과해서 재료의 맛과 질이 변한다.
(나) 왜냐하면 공기를 막아야 식재료를 신선하게 보관할 수 있기 때문이다.
(다) 따라서 식재료를 잘 보관하기 위해서는 랩이나 비닐보다 공기를 잘 막는 용기를 쓰는 것이 좋다.
(라) 음식을 하고 남은 식재료를 냉동실에 보관할 때에는 냉동용 밀폐 용기를 쓰는 것이 좋다.

① (라)-(나)-(가)-(다)
② (다)-(가)-(나)-(라)
③ (라)-(가)-(나)-(다)
④ (다)-(나)-(가)-(라)

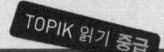

题型6 ( )에 들어갈 내용 고르기
选择适合填入 ( ) 的一项

例题

> ※ [16~18] 다음을 읽고 ( )에 들어갈 내용으로 가장 알맞은 것을 고르
> 십시오. (각 2점)

16

> 자기주도 학습이란 공부를 하는 사람이 교육과정을 스스로 계획해서
> 공부하는 것을 의미한다. 글로벌 시대에는 많은 지식을 아는 것보다 기
> 존 지식을 잘 활용하고 이를 바탕으로 ( ). 이러한 창의력을
> 가진 인재는 시켜서 하는 공부가 아닌 자기주도적으로 학습하는 능력을
> 통해서 키워진다.

　① 더 많은 지식을 쌓은 인재를 키운다
✔② 새로운 지식을 만들어내는 인재를 원한다
　③ 다양한 지식을 구별할 수 있는 인재를 찾는다
　④ 가장 효과적인 지식을 선별할 수 있는 인재를 원한다

✛ 高分捷径

　　很多考生认为这一题型是难点，但其实答案都可以在原文中找到，因此，只要仔细阅读原文，解题并不难。解题时，应在仔细阅读原文的基础上理解材料整体意思，特别是要注意包含括号的句子，以及这一句的前句和后句。只要搞清楚句与句之间的关系，问题就会迎刃而解。最后，应将选择的选项再次代入原文中，以检查行文是否自然通顺。

练习

请扫描封面二维码，获取电子书、题库、单词学习本等资源。

第1组

※ [16~18] 다음을 읽고 (   )에 들어갈 내용으로 가장 알맞은 것을 고르십시오.
(각 2점)

16

　　바이오 산업은 생물체가 가지고 있는 정보와 기능을 이용해 인간에게 쓸
모 있는 물질을 만들어 내는 산업이다. 바이오 산업을 통해 농약에 강한 콩
이나 병충해에 강한 고추 등을 탄생시켜 식품의 영양을 높이고 수확량을
늘릴 수 있게 되었다. 그러나 최근 들어 바이오 식품의 (　　　) 있다. 유
전자를 변형시킨 농산물이 인간에게 심각한 피해를 준다는 연구 결과가 나
왔기 때문이다.

① 장점이 각광받고　　　　　　② 해결책을 모색하고
③ 문제점이 제기되고　　　　　　④ 안전성이 보장되고

17

　　경제 용어 중에 '블루오션'과 '레드오션'이라는 말이 있다. 블루오션은 경
쟁이 없는 새로운 시장을 말하고 이와 반대되는 시장 즉, 치열한 경쟁에 빠
진 시장을 레드오션이라고 말한다. 요즘 들어서 경쟁이 치열한 레드오션보
다는 블루오션이 주목받고 있다. 경쟁자들이 없는 무경쟁 시장을 개척하는
것이 좋은 경영 전략이라는 것이다. 쉽게 말해 (　　　) 지금까지 없는
새로운 시장을 찾으라는 것이다.

① 치열한 경쟁을 통해서　　　　② 새로운 분야를 개발해서
③ 경쟁자들과 힘을 합쳐서　　　　④ 기존에 있는 시장을 확장해서

18

　　현대 사회에서는 컴퓨터만 켜면 대부분의 일들을 해결할 수가 있다. 일
하러 나가지 않아도 될 뿐만 아니라 물건을 사거나 친구들을 만나러 밖에
나갈 필요가 없게 됐다. 그러다 보니 은둔형 외톨이가 생겨나게 되었다. 학
교나 회사에 나가지 않고 자기 방에서만 지내거나 가족들과 대화를 나누지
도 않는 등 사회에 적응하지 못하고 (　　　) 사람을 은둔형 외톨이라고
한다.

① 컴퓨터 게임에 중독된　　　　② 일하고 노는 것에 익숙한
③ 집 안에만 틀어박혀 지내는　　④ 이웃과 서로 어울려 살아가는

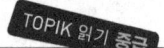

第2组

※ [16~18] 다음을 읽고 (   )에 들어갈 내용으로 가장 알맞은 것을 고르십시오.
(각 2점)

⑯

　　금연 아파트 지정 제도가 처음 시행된 것은 6년 전이다. 그때부터 지난해 말 기준으로 서울 시내에 지정된 금연 아파트는 약 430여 곳에 이른다. 하지만 금연 아파트 지정 제도는 해당 아파트의 깨끗함을 강조하는 홍보 역할 외에 실효성은 찾아보기 힘든 형편이다. 왜냐하면 (　　　　　) 규제 수단이 전혀 없기 때문이다.

① 흡연을 막을 수 있는　　　　　② 금연을 처벌하기 위한
③ 흡연을 부추기기 위한　　　　　④ 금연을 할 수 없게 만드는

⑰

　　소아비만은 의학적으로 보통 유아기에서 사춘기까지의 연령대에서 체중이 신장별, 연령별 표준체중보다 20% 이상 더 나가는 경우를 말한다. 유아기의 비만은 유아가 걸음마를 시작하고 첫돌이 지난 다음 움직임과 활동이 활발해지면서 (　　　　　). 하지만 일부는 비만이 지속되기도 하고, 일단 정상으로 돌아갔다가 학령기에 재발하는 경우도 적지 않다.

① 사라질 리가 없다　　　　　② 대부분은 없어진다
③ 생겨날지도 모른다　　　　　④ 나타날 확률이 높다

⑱

　　예절이란 인간관계에 있어서 서로 마찰을 없애고 불편을 덜기 위한 마음가짐이며 약속이다. 예절에는 에티켓과 매너라는 개념이 있는데 에티켓과 매너에는 약간의 차이점이 있다. 에티켓은 법적인 규제는 아니지만 일반 생활 개념에서 벗어나지 않는 올바른 예의범절로, (　　　　　) 사항이고 매너는 에티켓을 바탕으로 행동이나 말로 표현되는 것으로서 조금 더 가벼운 선택사항에 해당된다. 약간의 차이가 있지만 매너와 에티켓은 일상생활을 하는 데 있어서 모든 일의 출발점이자 남을 배려하는 마음이라 할 수 있다.

① 내 마음대로 조절 가능한　　　　　② 굳이 지키지 않아도 되는
③ 지키지 않으면 처벌을 받는　　　　　④ 대부분 의무적으로 지켜야 하는

※ [16~18] 다음을 읽고 (　　)에 들어갈 내용으로 가장 알맞은 것을 고르십시오.
(각 2점)

16

　　1인 가족이 늘어남에 따라 혼자 사는 사람들의 생각도 점점 바뀌고 있다. 예전에는 다른 사람들처럼 '결혼'을 숙제처럼 생각해서 혼자만의 삶을 즐기지 못하고 쫓기듯 사는 사람이 있기도 했지만, 다른 것보다 자신의 만족감에 더 큰 의미를 두고 혼자 지내는 것을 즐기면서 사는 사람이 점점 늘고 있다. 물론 (　　　　) 생각처럼 쉽지는 않다. 모든 것을 스스로 감당하고 책임을 져야 하기 때문이다.

① 혼자 살지 않는 것은　　　　　　② 가족을 이루며 사는 것은
③ 한 가족의 가장으로 사는 것은　　④ 혼자만의 생활을 즐기면서 산다는 것은

17

　　색깔이나 빛은 식욕과 관련이 있다. 식탁에 따뜻한 색 계열의 조명을 설치하고 이 조명이 식탁을 집중적으로 비추도록 하면 식욕을 돋우는 효과가 있다. 반대로 차가운 색 계열의 조명을 비춘다면 (　　　　) 효과가 있으므로 다이어트를 하고자 하는 사람들은 주방의 벽지나 식탁 위의 조명부터 바꾸는 것이 현명한 선택일 것이다.

① 의욕을 없애는　　　　　　② 식욕을 떨어뜨리는
③ 가족의 분위기를 바꾸는　　④ 대화에 집중하도록 하는

18

　　여성과 남성은 생활하면서 (　　　　) 다르고, 이에 따라 많은 차이를 보이며 각각 다른 특징을 가지고 있다. 여성은 남성에 비해 비교적 많은 단어를 사용해서 말을 하는데, 이에 따라 여성이 남성보다 기억력이 좋고 스트레스가 적으며 우울증에 걸릴 확률도 낮다. 반면에 남성은 여성보다 적은 수의 단어를 사용하며 여성에 비해서 많은 스트레스에 시달리고 수명도 짧은 편이다.

① 기억하는 정도가　　　　② 대화하는 상대방이
③ 생기는 스트레스가　　　④ 사용하는 단어의 양이

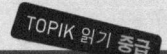

题型7 ( )에 알맞은 어휘 + 내용과 같은 것 고르기
选择适合填入（ ）的词 + 选择内容相符项

例题

※ [19~20] 다음을 읽고 물음에 답하십시오. (각 2점)

옴니버스는 영화나 연극 등에서 같은 주제를 가진 독립된 이야기들을 모아 하나의 작품으로 만드는 것이다. 영화나 연극에서 사용되는 옴니버스는 모여 있는 작품들의 이야기나 요소가 독립적이어야 하고 같은 주제 아래에 하나의 작품으로 묶여 있어야 한다. 다시 말해, 각 이야기마다 전혀 다른 주인공의 전혀 다른 이야기를 풀어 놓는다. ( ) 소설에서 자주 사용하는 피카레스크는 옴니버스 형식과 비슷한데 각 이야기의 주인공이 동일인물이거나 서로 긴밀하게 연관된 사람이고 주로 1인칭 시점에서 전개된다는 것이 다르다. 이처럼 옴니버스와 피카레스크는 차이점도 있지만 둘 다 여러 개의 다른 이야기를 통해 같은 주제를 이야기한다는 점은 같다.

19 ( )에 들어갈 알맞은 것을 고르십시오.
① 과연   ② 마치   ✓③ 반면   ④ 비록

20 이 글의 내용과 같은 것을 고르십시오.
① 피카레스크는 하나의 이야기에 하나의 주제가 담겨 있다.
② 옴니버스는 다른 이야기로 구성되지만 주인공과 주제는 모두 같다.
✓③ 피카레스크는 옴니버스와 형식이 비슷한데 주로 소설에서 사용된다.
④ 피카레스크와 옴니버스는 다른 이야기를 통해 다양한 주제를 말한다.

 高分捷径

从这一题型开始，每篇文章后将提出两个问题。对于这种题型，应仔细阅读原文，在把握文章整体内容后，再答题。

19 题应把解题重点放在副词上，在准确把握括号前后句关系后，再选出合适的词。高频副词可参考电子版单词学习本。

20 题要求选出与文章内容相符的一项，因此必须理解文章的整体意思。

练习

请扫描封面二维码，获取电子书、题库、单词学习本等资源。

第1组

※ [19~20] 다음을 읽고 물음에 답하십시오. (각 2점)

> 많은 사람들이 슈퍼마켓에서 아무 생각 없이 비닐봉지를 사용한다. 환경 보호를 위해서 정부나 몇몇 대기업들은 장바구니와 종이 가방의 사용을 권장하거나 비닐봉지에 가격을 매기면서 사용을 자제하도록 유도하고 있지만 아직도 많은 곳에서 무심코 쓰이고 있는 것이 바로 비닐봉지다. 공장에서 불과 1초면 만들어지는 비닐봉지는 언제 어디서나 간편하게 사용할 수 있다. (   ) 버려진 봉지가 완전히 분해되는 데는 무려 400년이나 걸린다. 분해되는 데 오랜 시간이 걸릴 뿐만 아니라 그 과정에서 온실가스도 배출된다.

19 (   )에 들어갈 알맞은 것을 고르십시오.

　　① 반면　　　　　② 마치　　　　　③ 비록　　　　　④ 워낙

20 이 글의 내용과 같은 것을 고르십시오.

　　① 비닐봉지는 모든 슈퍼마켓에서 무료로 나눠준다.
　　② 비닐봉지를 빨리 분해할 수 있는 설비가 마련되어 있다.
　　③ 비닐봉지는 전 세계적으로 쓰이기 때문에 판매량이 증가하고 있다.
　　④ 징부나 기업에서는 종이 가방과 장바구니를 사용하도록 권하기도 한다.

第2组

※ [19~20] 다음을 읽고 물음에 답하십시오. (각 2점)

> 열심히 일해서 자신이 번 돈을 저축하는 것은 올바른 행동이다. 그러나 지나친 절약은 나라의 경제를 위협하기도 한다. 소비를 하지 않으면 시장으로 돈이 들어오지 않아 기업의 생산이 줄어들 수밖에 없다. 기업이 생산을 줄이면 일자리도 줄어들고 결국 가계의 소득에 문제가 생기게 되는 것이다. 한 나라의 경제 활동 속에서 가계, 기업, 정부는 서로 떼려도 뗄 수 없는 존재이다. (   ) 세 가지 중 어느 하나라도 제 역할을 수행하지 못하면 경제가 제대로 돌아갈 수가 없다는 것이다.

[19] ( )에 들어갈 알맞은 것을 고르십시오.

① 즉   ② 차차   ③ 끝내   ④ 게다가

[20] 이 글의 내용과 같은 것을 고르십시오.

① 돈을 모으려면 무조건 저축을 해야 한다.
② 한 나라의 경제는 정부와 기업이 꾸려나간다.
③ 기업의 생산량은 가계의 소득에 영향을 끼친다.
④ 소비가 줄어들면 기업은 좋은 제품의 생산을 늘린다.

第3组

※ [19~20] 다음을 읽고 물음에 답하십시오. (각 2점)

> 운전자 실수에 의해 발생한 교통사고 중 졸음운전 사고의 발생률이 높은 비중을 차지하고 있다. 사고 시간대를 보면 새벽 시간대나 점심, 저녁 식사 후에 사고가 많이 일어나, 이러한 때에 운전자가 졸음을 느끼기 쉽다는 것을 알 수 있다. ( ) 감기약과 같은 약물 복용도 운전 중 졸음을 유발한다. 졸음운전 사고를 막기 위해서는 차량 내부의 공기를 자주 환기시키고 신선한 공기를 마셔서 뇌에 산소가 원활하게 공급되도록 도와주는 게 좋다.

[19] ( )에 들어갈 알맞은 것을 고르십시오.

① 아무튼   ② 반드시   ③ 왜냐하면   ④ 그밖에도

[20] 이 글의 내용과 같은 것을 고르십시오.

① 운전할 때 약을 먹으면 졸음을 막을 수 있다.
② 졸음으로 인한 교통사고는 거의 일어나지 않는다.
③ 운전자 실수에 의한 사고는 오전에 가장 많이 일어난다.
④ 졸음운전 사고를 방지하려면 차 안의 공기를 환기시켜야 한다.

( )에 알맞은 관용 표현 + 중심 생각 고르기
选择适合填入 ( ) 的惯用表达 + 选择中心思想

例题

※ [21~22] 다음을 읽고 물음에 답하십시오. (각 2점)

　　어떤 직업을 갖는 것이 좋을까? 많은 사람들에게 인기가 있는 직업이 좋을까? 돈을 많이 버는 직업이 좋을까? 그렇지 않다. 자신의 적성에 맞는 일, 또 자신이 가장 좋아하는 일을 하는 것이 좋다. 만약 자신의 적성과 아무런 상관없이 일을 하게 된다면 중간에 그만두거나 후회할 것이 ( ). 따라서 자신이 좋아하는 것을 기준으로 다양한 직업을 찾아보고 그런 직업을 갖기 위해서 노력하면 자신에게 맞는 좋은 직업을 선택할 수 있을 것이다.

21 ( )에 들어갈 알맞은 것을 고르십시오.
　① 속을 태우다　　　　　② 진땀을 빼다
　③ 무게를 더하다　　　✔④ 불 보듯 훤하다

22 이 글의 중심 생각을 고르십시오.
　① 모든 사람들이 선호하는 직업이 가장 좋다.
　② 하나의 직업보다는 다양한 직업을 가지는 것이 좋다.
　✔③ 직업을 선택할 때는 자신의 적성에 맞는 것을 골라야 한다.
　④ 직업을 선택하기 위해서는 자신의 성격을 아는 것이 중요하다.

高分捷径

　　21 题要求选择适当的惯用表达。因此，应了解韩国语中的常见惯用表达。学习惯用表达时，与机械记忆相比，应联想到惯用表达所适用的具体语境。高频惯用表达可参考电子版单词学习本。22 题要求选择文章的中心思想。在很多情况下，文章的主题会出现在文章的开头或结尾，因此需格外留意。

练习

请扫描封面二维码，获取电子书、题库、单词学习本等资源。

第1组

※ [21~22] 다음을 읽고 물음에 답하십시오. (각 2점)

요즘과 같은 (   ) 바쁜 현대 사회에서는 쉬는 것을 낭비라고 생각하는 사람들이 많다. 하지만 운동이나 공부, 작업을 할 때, 중간에 휴식을 취하면 오히려 능률이 올라간다는 연구 결과가 나왔다. 운동이나 작업의 경우, 휴식을 통해 몸의 피로가 회복되며 이 과정에서 운동이나 작업을 하면서 생긴 안 좋은 습관이 사라진다는 것이다. 따라서 욕심을 부려 쉬지 않고 일을 계속하는 것보다 적당히 쉬면서 강약을 조절하는 편이 일을 더 오래 할 수 있고 효과도 좋다.

21 (   )에 들어갈 알맞은 것을 고르십시오.
　①눈에 불을 켜는
　②눈 깜짝할 사이
　③눈코 뜰 새 없이
　④눈에 넣어도 아프지 않은

22 이 글의 중심 생각을 고르십시오.
　① 바쁜 현내 사회에서는 쉬면 안 된다.
　② 일을 계속해야 일의 효과를 높일 수 있다.
　③ 휴식을 많이 하면 할수록 일을 더 오래 할 수 있다.
　④ 일과 공부의 능률을 위해서는 휴식을 취하는 것이 좋다.

第2组

※ [21~22] 다음을 읽고 물음에 답하십시오. (각 2점)

공정 무역은 선진국의 소비자가 저개발국의 생산자들에게 물건을 살 때 공정한 대가를 지불하는 것을 말한다. 공정 무역을 통해 저개발국들은 좀 더 나은 조건으로 생활환경을 발전시킬 수 있고 선진국의 소비자는 더욱 질 좋은 제품을 정당한 가격에 믿고 구입할 수 있다. 저개발국에서 생산되는 커피, 차, 초콜릿, 장식품 등 수많은 제품이 올바른 값으로 팔리기 위해 많은 나라가 (   ) 공정 무역에 참여해야 한다.

[21] (   )에 들어갈 알맞은 것을 고르십시오.

① 발뺌을 해서   ② 발이 넓어서
③ 발 벗고 나서서   ④ 발등에 불이 떨어져서

[22] 이 글의 중심 생각을 고르십시오.

① 많은 나라들이 공정 무역에 참여하는 것이 좋다.
② 지금까지 정의롭지 못한 무역을 하는 나라가 많았다.
③ 공정 무역은 소비자들보다는 생산자들에게 더 이득을 준다.
④ 공정 무역은 저개발국 생산자들과 소비자들 사이의 무역이다.

第3组

※ [21~22] 다음을 읽고 물음에 답하십시오. (각 2점)

바야흐로 웹툰 전성시대이다. 웹툰은 웹과 만화를 합성한 말로서, 인터넷을 통해 볼 수 있는 만화를 가리킨다. 주요 검색 사이트에서 310여 개의 웹툰이 독자들을 만나고 있고, 주간 조회 수는 2억 회에 이른다. 또한 스마트폰이 일상화되면서, 웹툰은 독자들의 생활 속으로 더 가까이 파고들었다. 전문가들은 앞으로도 웹툰의 인기는 결코 줄어들지 않을 것이라고 (   ) 말하며 앞으로 웹툰 관련 산업에 대해 관심을 가지라고 조언했다.

[21] (   )에 들어갈 알맞은 것을 고르십시오.

① 입을 모아   ② 혀를 차며   ③ 입에 풀칠해   ④ 혀를 내두르며

[22] 이 글의 중심 생각을 고르십시오.

① 예전에는 웹툰을 보는 사람들이 많지 않았다.
② 앞으로는 인터넷을 통해서만 만화를 볼 수 있을 것이다.
③ 웹툰을 보는 사람들이 증가하면서 스마트폰의 판매량도 많아지고 있다.
④ 웹툰의 인기가 계속될 것이므로 관련된 산업에 관심을 가지는 것이 좋다.

題型9 심정 + 내용과 같은 것 고르기
选择心情 + 选择内容相符项

例題

※ [23~24] 다음을 읽고 물음에 답하십시오. (각 2점)

수업 종이 울리고 얼마 되지 않았을 때의 일이다. 갑자기 뒤에 앉은 친구가 내 의자를 발로 찼다. 그래서 나는 기분이 나빠서 "왜 의자를 발로 차고 그래?"라고 말했다. 그러자 뒤에 앉은 내 친구는 무슨 소리를 하는지 모르겠다는 듯 의아하게 나를 쳐다보았다. 그리고 얼마 안 있어 또 내 의자가 흔들렸다. 화가 나서 친구를 돌아보는 순간 교실 전체의 의자와 책상이 심하게 흔들리기 시작했다. 당황해서 어쩔 줄 모르는 선생님과 친구들이 우왕좌왕하고 있는데 교실 밖에서 "지진이다, 지진이 일어났다."라는 소리가 들렸다. 그리고 나는 교실에서 어떻게 나왔는지 모르겠다. 거리에는 눈물을 흘리며 소리를 지르면서 누군가를 찾고 있는 사람들로 넘쳤다. 나는 부모님에게 전화를 걸었지만 연결이 되지 않아 집을 향해 계속 달리고 또 달렸다. 달리는 내내 나도 모르게 눈물이 흘렀다.

23 밑줄 친 부분에 나타난 글쓴이의 기분으로 알맞은 것을 고르십시오.
① 계속 달려서 힘들다.
② 친구가 괴롭혀서 화가 났다.
③ 가족들에게 전화가 오시 않아 화가 났나.
✓④ 가족이 사고를 당하지 않았을까 염려하고 있다.

24 이 글의 내용과 같은 것을 고르십시오.
✓① 수업을 하고 있는데 지진이 일어났다.
② 나는 지진이 일어나서 학교로 대피했다.
③ 나의 가족들은 지진 때문에 피해를 보았다.
④ 뒤에 앉은 친구가 계속 나의 의자를 발로 찼다.

高分捷径

　　23 题一般会针对作者或文中人物的心情进行提问。因此，阅读材料时，应通过文中人物的行为、语气等，把握其心情，并要理解文中人物处于什么样的状况中。此外，还应学习一些用于表达情绪的单词。

　　解答 24 题需要对文章内容进行整体把握，可以将各个选项与材料进行对比后再解答。

练习

请扫描封面二维码，获取电子书、题库、单词学习本等资源。

第1组

※ [23~24] 다음을 읽고 물음에 답하십시오. (각 2점)

> 나는 지난 주 올림픽공원에 가서 닉의 강연을 들었다. 닉은 나와 나이가 같은 사람인데 팔과 다리가 없이 태어났다. 닉은 어렸을 때 소심했고, 자신의 신세를 한탄하기도 했었는데 부모님의 사랑으로 지금은 기적과 같은 삶을 살고 있다고 했다. 닉은 현재 일상생활은 물론 컴퓨터며 운동 등 못하는 것이 없을 정도다. 오히려 신체가 건강한 사람보다 현재 더 많은 일을 해나가며 많은 사람들에게 희망과 위로를 주고 있다. 나는 요즘 몇 번의 거듭되는 실패로 좌절을 느끼며 포기하려고 했는데 닉의 강연을 들으며 <u>고개를 들 수 없었다.</u> 신체가 불편하지만 감사하다는 마음을 가지고 살고 있는 긍정적인 닉을 보며 나도 새로운 마음가짐으로 다시 시작해야겠다는 생각을 하게 되었다.

23 밑줄 친 부분에 나타난 글쓴이의 기분으로 알맞은 것을 고르십시오.

① 슬프다
② 아쉽다
③ 안타깝다
④ 부끄럽다

24 이 글의 내용과 같은 것을 고르십시오.

① 나는 닉과 동갑이지만 더 어른스럽다.
② 닉은 어렸을 때부터 밝고 활동적이었다.
③ 닉은 건강한 사람보다 할 수 있는 일이 많지 않다.
④ 나는 요즘 실패와 좌절을 맛보아서 풀이 죽어 있었다.

※ [23~24] 다음을 읽고 물음에 답하십시오. (각 2점)

> 나의 삶에 나침반이 되어주는 존재는 바로 나의 아버지이다. 대학교에는 다른 전공들도 많지만 별로 인기가 없던 농학과를 선택하게 된 것도 아버지의 영향을 많이 받았기 때문이다. 평생 농사를 지은 아버지는 내가 어렸을 때 채소 심기를 시작했다. 처음 몇 해 동안은 수확이 좋지 않을 때도 있었지만, 어느 해부터인지 거의 해마다 아버지 밭의 채소는 잘 팔렸다. 아버지는 매일 밭에서 일하면서 농사에 대해 연구하고 수많은 책을 읽고 전문가들을 만나 조언을 들으며 여러 가지 방법으로 농사를 지었다. 뿐만 아니라 농사를 지어 모은 돈으로 마을 노인들을 위해서 쉼터를 세웠다. 비록 작은 규모의 쉼터였지만 노인들은 그 곳에서 편안히 쉴 수 있었다. 동네 노인들은 내가 아버지를 별로 도와드리지 않고 동네 친구들과 놀기만 한다고 나무라기도 하셨지만 가끔 간식거리를 챙겨 주거나 재미있는 놀 거리들을 손에 쥐어 주셨다. 어릴 때는 그저 당연한 거라고 생각했지만, 지금 생각해 보면 <u>괜스레 얼굴이 붉어진다.</u>

23 밑줄 친 부분에 나타난 글쓴이의 기분으로 알맞은 것을 고르십시오.
　　① 낯설다
　　② 창피하다
　　③ 어색하다
　　④ 자랑스럽다

24 이 글의 내용과 같은 것을 고르십시오.
　　① 나는 아버지의 밭에서 열심히 일했다.
　　② 아버지는 농업을 연구하는 학자로 평생을 일해 왔다.
　　③ 나는 아버지를 존경하여 아버지와 닮은 삶을 살고 싶어 한다.
　　④ 아버지는 농사를 지으면서 많은 동네 노인들에게 일자리를 주었다.

第3組

※ [23~24] 다음을 읽고 물음에 답하십시오. (각 2점)

나는 남편과 함께 12년째 식당에 고기를 납품하는 유통업을 하고 있다. 얼마 전에는 남편이 교통사고를 당해 아들과 함께 남편의 빈자리를 메우느라 무척 힘들었다. 이른 아침부터 밤늦게까지 파김치가 되도록 일하는 날이 많아지자 나는 몸과 마음이 지쳤다. 그러다 보니 거래처 직원이 실수라도 하면 얼굴을 찡그리며 큰소리치기도 했다. 하루는 아들이 식당에 납품할 고기를 챙기면서 말했다. "어머니! 배달할 때 웃으면서 음료수라도 챙겨 주시는 식당 사장님을 보면 더 잘해 드리고 싶어요. 그런데 갈 때마다 짜증내고 툴툴거리는 사장님을 만나면 거래가 끊어지든 말든 그냥 고기를 들고 나오고 싶더라고요. 그러니 엄마도 배송하는 분들한테 잘해 주세요."
거래처 직원에게 좋은 고기로 주지 않으면 거래를 끊겠다고 말한 <u>내 모습이 떠올라 얼굴이 화끈거렸다.</u> 마냥 아이 같던 아들에게 한 수 배웠다.

23 밑줄 친 부분에 나타난 글쓴이의 기분으로 알맞은 것을 고르십시오.
① 즐겁다
② 안타깝다
③ 부끄럽다
④ 화가 난다

24 이 글의 내용과 같은 것을 고르십시오.
① 아들은 교통사고를 당해 일을 도와주지 못하고 있다.
② 아들은 거래처 직원이 짜증을 내면 거래를 끊어버린다.
③ 나는 아무리 지치더라도 항상 친절한 얼굴로 사람들을 대한다.
④ 나는 어리다고만 생각한 아들을 통해 오히려 배운 것이 있었다.

第2章　高级

🌐 高级介绍

1 신문 기사 제목 읽고 기사 내용 고르기　阅读新闻标题，选择新闻内容

2 (　)에 들어갈 내용 고르기　选择适合填入（　）的一项

3 내용이 같은 것 고르기　选择内容相符项

4 글의 주제 고르기　选择文章主题

5 <보기>의 문장이 들어가는 곳 고르기　选择适合填入框内句子的位置

6 말투의 느낌 + 내용과 같은 것 고르기　选择语气+选择内容相符项

7 주제 + (　)에 들어갈 내용 고르기　选择主题+选择适合填入（　）的一项

8 <보기> 문장이 들어가는 곳 + 내용과 같은 것 고르기
　　选择适合填入框内句子的位置+选择内容相符项

9 글을 쓴 목적 + (　)에 들어갈 내용 + 필자의 태도 고르기
　　选择写作目的+选择适合填入（　）的一项+选择作者态度

高级（5～6级）阅读介绍

> 　　TOPIK II 的阅读部分共有 50 道题。其中，高级部分共有 26 道题（25～50），每题 2 分。共 9 种题型，其中题型 1～5，每篇短文均对应一道题；题型 7～8，每篇短文对应两道题；只有题型 9，一篇短文对应三道题。

題型1 신문 기사 제목 읽고 기사 내용 고르기
阅读新闻标题，选择新闻内容

例题

※ [25~27] 다음은 **신문 기사의 제목**입니다. **가장 잘 설명한 것을 고르십시오.** (각 2점)

25

> 불황에 기업들 줄줄이 파산, 은행들도 휘청

① 불경기로 인해 기업들이 연달아 쓰러지고 은행들도 곤경에 처했다.
② 경기가 좋아져 창업하려는 기업들이 줄을 잇다 보니 은행들도 정신이 없다.
③ 경기가 나빠졌는데도 성장하는 기업들이 많아져 은행들도 활기를 띠고 있다.
④ 경기가 침체되어 기업들이 연이어 쓰러지고 있는 가운데 은행들만 살아남았다.

 高分捷径

这一题型要求通过阅读新闻标题，推测出新闻报道的内容。因此需要找出与新闻标题中出现的单词意义相似的选项。

练习

请扫描封面二维码，获取电子书、题库、单词学习本等资源。

第1组

※ [25~27] 다음은 신문 기사의 제목입니다. 가장 잘 설명한 것을 고르십시오. (각 2
점)

25   제주시, 60만 시민 인권선언 만들기 위한 대장정의 시간들

① 제주시 시민들 60만 명이 모두 참여해 인권선언을 만들었다.
② 제주시 시민들 60만 명이 함께 도보 여행을 오랫동안 하였다.
③ 제주시 시민들은 인권을 보호받지 못해 시위를 오랫동안 하고 있다.
④ 제주시는 60만 명의 시민을 위한 인권선언을 만드는 데 오랜 시간이 걸렸다.

26   무더위 기승 속, 전국체전을 향한 힘찬 발걸음

① 무더위가 시작된 가운데 전국체전이 진행되고 있다.
② 무더위가 시작되어 전국체전을 보러 사람들이 많이 오고 있다.
③ 무더위가 계속되고 있는 가운데 전국체전에 참여하기 위해 가고 있다.
④ 무더위가 계속되는 중에도 전국체전을 준비하는 선수들이 열심히 훈련하고
있다.

27   입시에 설 곳 없는 피아노 · 미술 학원

① 입시 준비생들은 피아노·미술 학원에 가기 위해 줄을 선다.
② 입시 덕분에 피아노·미술 학원의 인기도 꾸준히 올라가고 있다.
③ 입시 위주의 교육을 하다 보니 피아노·미술 학원이 홀대받고 있다.
④ 입시 위주의 교육에 비해 피아노·미술 학원의 인기가 더 높아지고 있다.

第2组

※ [25~27] 다음은 신문 기사의 제목입니다. 가장 잘 설명한 것을 고르십시오. (각 2
점)

25
노인일자리 창출 기업에 세제 감면해야 한다

① 노인들이 만든 기업은 세금을 내지 않도록 해야 한다.
② 노인일자리를 만드는 기업에 세금을 부과하지 말아야 한다.
③ 노인을 위한 일자리를 만들어 주는 기업의 세금을 낮춰야 한다.
④ 노인들이 새로운 기업을 만들 수 있도록 세금을 지원해 줘야 한다.

26
다사다난한 출판업계, 계속되는 제자리걸음

① 사건, 사고가 많은 출판업계 사람들이 걷는 중이다.
② 사건, 사고가 많은 출판업계의 상황이 서서히 좋아지고 있다.
③ 여러 문제를 갖고 있는 출판업계가 해결책 마련을 위해 노력하고 있다.
④ 많은 문제를 안고 있는 출판업계가 아직도 문제 해결을 하지 못하고 있다.

27
초등 1학년 책가방이 동났다 … 황금돼지띠 특수

① 황금돼지띠의 영향으로 초등 1학년 학생 수가 늘어 책가방이 매진됐다.
② 황금돼지띠 때문에 초등 1학년 학생 수가 줄어 책가방 생산량도 줄었다.
③ 황금돼지띠로 인해 초등 1학년 학생 수가 적어져 책가방 판매량도 줄었다.
④ 황금돼지띠로 말미암아 초등 1학년 학생 수가 늘었지만 책가방 판매가 시원
찮다.

※ [25~27] 다음은 신문 기사의 제목입니다. 가장 잘 설명한 것을 고르십시오. (각 2
　　점)

25

> 학생 수 급감, 존폐 위기에 놓인 지방대학

① 학생이 점점 늘지 않아 지방대학이 문을 닫았다.
② 학생 수가 차츰 줄어들면서 지방대학 경영에 어려움이 있다.
③ 학생 수가 급격히 증가하면서 지방대학의 운영에 문제가 많다.
④ 학생 수가 갑자기 감소하여 지방대학의 운영에 차질을 빚고 있다.

26

> 열악한 작업 환경, 교육의 질 저하 불러

① 작업 환경이 좋지 않아 교육의 질이 낮아지고 있다.
② 작업 환경이 좋지 않아 교육의 효과를 전혀 볼 수 없다.
③ 작업 환경이 제대로 이루어져 있지 않고 교육도 할 수가 없다.
④ 작업 환경이 제대로 이루어질 때까지 교육을 하지 않으려고 한다.

27

> 잦은 사고 불구, 자동차 회사 안전 대책 '미적'

① 사고가 적은 데도 불구하고 자동차 회사의 안전 점검이 시행되고 있다.
② 작은 사고에도 불구하고 자동차 회사 안전 점검이 제때 이루어지고 있다.
③ 자동차 사고가 자주 일어나고 있어서 자동차 회사의 안전 대책이 시급하다.
④ 자동차 사고가 빈번한데도 불구하고 자동차 회사가 안전 대책을 미루고 있다.

题型2 ( )에 들어갈 내용 고르기
选择适合填入（ ）的一项

例题

※ [28~31] 다음을 읽고 ( )에 들어갈 내용으로 가장 알맞은 것을 고르십시오. (각 2점)

28

한국에서도 뮤지컬 <그리스>는 'No.1 뮤지컬'이라는 애칭으로 불리며, 인기를 이어나가고 있다. 2003년부터 정식으로 공연되기 시작되면서, 2013년 한국 초연 10주년을 맞이하였다. 국내 공연 10년간 평균 객석 점유율 90% 이상을 기록하며 ( ) 흥행 신화를 이어가고 있다. 또한 뮤지컬 <그리스>는 10년간 대한민국을 대표하는 스타들을 배출해내고 있다.

① 곧 끝나는 　　　✓② 멈추지 않는
③ 새로 시작하는 　　④ 계속 매진되는

高分捷径

　　解答这一题型，首先应快速浏览选项内容，确认核心词。然后，先阅读括号所在句以及其前后句，厘清它们的关系。选不出答案时，需要仔细阅读全文，理解文章内容后再选择。如果时间允许，可将选择的内容代入括号中，以检查是否通顺。

请扫描封面二维码，获取电子书、题库、单词学习本等资源。

第1组

※ [28~31] 다음을 읽고 (   )에 들어갈 내용으로 가장 알맞은 것을 고르십시오.
　　　　 (각 2점)

28

　　식사가 끝나자마자 칫솔질을 하는 것은 그다지 권할 만한 일이 아니다. 그렇지 않아도 식사를 하면 음식물에 포함되어 있던 산성 성분이 치아의 가장 자리를 공격하는데 바로 칫솔질을 하면 이 부분을 더 자극할 수 있기 때문이다. 따라서 식사를 하고 나서 우선은 (　　　　) 약 30분 뒤에 구석구석 깨끗이 양치하는 것이 가장 좋다.

① 치약을 묻히지 않은 칫솔로 닦고 나서
② 치아의 가장 자리를 깨끗이 양치하고 나서
③ 물로 입 안을 헹구어 산성 성분을 제거한 후
④ 이쑤시개를 이용하여 입 안의 이물질을 제거한 후

29

　　어미 닭의 품종에 따라 달걀의 색깔이 달라지는 것은 사실이지만 흰 닭은 무조건 흰 달걀을 낳고 노란 닭은 무조건 노란 달걀을 낳는 것은 아니다. 갈색 품종의 닭들이 다른 색 닭들에 비해 갈색 달걀을 낳는 경우가 잦은 것은 사실이지만 결론적으로는 어미의 색깔만 보고 (　　　　) 할 수 있다. 즉 낳기 전까지는 달걀이 무슨 색일지 아무도 알 수 없다는 것이다. 또한 어떤 색깔의 달걀이 영양분이 더 풍부한지 부족한지도 알 수 없다.

① 달걀의 색깔까지 예상하기가 쉽다고
② 달걀의 영양분을 미리 예측하기 쉽다고
③ 달걀의 영양분까지 예상하기가 어렵다고
④ 달걀의 색깔을 미리 예측하기가 어렵다고

30

　이 세상의 모든 물체는 끌거나 밀기 전에는 움직이지 않는다. 그렇게 물체를 끌고 밀고 하는 것을 힘이라고 한다. 대개는 힘이 작용하는 것을 눈으로 볼 수 있다. 반면에 고정된 연결이 없는데도 확실히 작용하는 힘이 있다. 예컨대 자석은 직접 연결하지 않고도 쇳조각을 끌어당긴다. 이때 쇳조각은 자력이라는 힘에 의해 끌어당겨지는 것인데 이 힘은 눈에 보이지 않는다. 이와 같이 (　　　) 또 하나의 힘은 지구가 물체를 지면 쪽으로 끌어당기는 힘이다. 이 힘이 중력이다.

① 눈으로 보이는　　　　　　② 확실히 작용하는
③ 간접적으로 끌어당기는　　④ 연결 고리가 없어도 작용하는

31

　한국의 전통 음악인 국악은 크게 정악과 민속악으로 나뉜다. 정악은 궁중에서 연주되거나 양반들이 즐기던 음악이고 민속악은 주로 서민들이 즐기던 음악이다. 정악과 민속악은 같은 국악이지만 그 맛과 멋이 다르다. 정악이 잔잔한 흐름을 특징으로 하는 것에 비해 민속악에는 다양하고 힘찬 변화가 있다. 정악과 민속악은 개인의 취향에 따라 듣고 부르며 즐기면 그만인 것이므로 이 둘 사이에는 (　　　).

① 조화의 아름다움이 있다　　② 우열이 있다고 할 수 없다
③ 차이가 많이 난다고 할 수 있다　④ 전혀 공통점이 없다고 할 수 있다

第2组

※ [28~31] 다음을 읽고 (　　)에 들어갈 내용으로 가장 알맞은 것을 고르십시오.
　　(각 2점)

28

　블록버스터의 원래 뜻은 대형 고성능 폭탄인데 최근에는 매스컴 용어로 쓰이고 있다. 이것은 영화에서 단기간에 큰 수익을 얻기 위해 계획적으로 만들어지는 대규모 작품을 의미한다. 특정 시즌을 겨냥해서 (　　　) 영화가 이에 속한다. 따라서 개봉관을 가능한 한 많이 확보하고 엄청난 광고비를 뿌려대는 마케팅 전략이 필수적이다. 블록버스터 영화는 특수효과가 뛰어난 SF영화나 액션영화가 대부분이며 자극적이고 움직임이 많은 볼거리를 제공한다.

① 특정한 계절에 맞춰 최소한의 자본을 들여 만든
② 흥행과 관계없이 내용의 특수성을 고려하여 만든
③ 최소한의 자본을 들여 최대의 수익을 목표로 제작한
④ 대규모 흥행을 목적으로 막대한 자본을 들여 제작한

(29)

> 국가 신용도는 나라가 채무를 이행할 의사와 능력이 얼마나 있는지를 표시한 등급으로, 국제 금융 시장에서 투자 여건을 판단하는 기준이 된다. 국가 신용도가 하락할 경우 외국 투자자들이 대출을 꺼리고 대출 금리를 올리게 된다. 개별 기업이나 금융기관의 신용 평가도 (   ) 국가 신용도가 낮으면 우량 기업도 낮은 신용 평가를 받게 된다. 국가의 신용 등급 결정 요소에는 정치적인 요소와 경제적인 요소가 있다.

① 투자 여건을 보고 판단하기 때문에
② 해당 국가의 신용 등급과 다르게 평가되기 때문에
③ 해당 국가의 신용 등급을 토대로 이루어지기 때문에
④ 갖고 있는 채무를 갚을 능력이 있는지에 따라 판단하기 때문에

(30)

> 교통공학은 교통수단이 점점 발달하면서 주목을 받았다. 교통공학은 산업, 물류, 도시설계 등에 영향을 미치며 크게 발전하고 있다. 특히 실시간 교통 정보를 제공하는 지능형 교통 체계의 개발로 교통공학은 우리 생활과 더욱 친숙해졌다. 교통공학자는 안전하고 편리한 교통 체계를 만들어 가는 사람들로서 교통 법규와 교통 정책, 신호 체계 등 교통에 대한 (   ).

① 특수한 문제점을 해결하기 위해 연구한다
② 환경을 분석해 친환경적 시스템을 설계한다
③ 문제점을 파악하고 무조건 빨리 이동할 수 있게 한다
④ 전반적인 시스템을 분석해 사람과 물자의 흐름을 원활하게 한다

(31)

> 조화로움은 숲과 같은 것이다. 숲이 아름다운 건 각기 키가 다른 나무가 자라고, 색깔과 향이 다른 꽃이 피어나며, 낮은 땅과 돌들 사이로 물이 흐르기 때문이다. 그런 숲 속에서는 크고 작은 동물들과 벌레들이 살아가고 물에서는 물고기가 산다. 조화로움은 보기에만 좋은 것이 아니라 계속해서 새로운 어울림을 만들어내기 때문에 더욱 의미가 있다. (   ) 진정한 어울림과 아름다움이 만들어진다.

① 새로운 것들이 하나씩 계속 생겨날 때
② 서로 다른 것들이 보기에만 좋아 보일 때
③ 크기가 제각각인 것들이 한데 모여 있을 때
④ 서로 다른 것들이 모여 각각의 존재를 인정해 줄 때

第3组

※ [28~31] 다음을 읽고 (　　　)에 들어갈 내용으로 가장 알맞은 것을 고르십시오.
(각 2점)

(28)

　　환경 보호를 목적으로 쓰레기가 적게 나오도록 만든 상품을 녹색상품이라고 한다. 정부나 환경운동 단체가 여러 가지 상품을 비교해서 환경을 보다 많이 고려한 제품을 골라 공인 마크를 붙여주는 환경 마크제를 시행하고 있으며 이에 승인된 상품이 녹색상품이다. 재사용을 촉진하기 위한 리필 제품, 폐기물 해독이 문제가 되는 수은이나 크롬을 사용하지 않은 각종 스프레이 제품, 생산 공정에서 (　　　　) 등도 녹색상품의 범주에 포함된다. 환경 보호의 중요성이 커지면서 녹색 친화적인 상품이 아니고서는 국제 경쟁력을 갖추기 힘든 실정이다.

① 시간이 적게 걸리는 제품　　　　② 쓰레기가 만들어지는 제품
③ 비용이 많이 들지 않는 제품　　　④ 오염물질의 배출이 적은 제품

(29)

　　워킹홀리데이는 노동력이 부족한 나라에서 외국 젊은이들에게 1년간의 특별 비자를 발급하여 입국을 허락하고 취업 자격을 주는 제도이다. 이 제도의 도입으로 외국에서 취업하기를 원하는 사람들이 일자리를 구하기가 쉬워졌다. 이때 발급되는 특별 비자는 입국 후 취업하여 1년이 지나면 관광 비자로 바꿔서 여행도 할 수 있다. 그러므로 워킹홀리데이 제도는 외국에서 (　　　　) 이점 때문에 오늘날 많은 젊은이들 사이에서 인기가 높다.

① 돈도 벌고 여행도 할 수 있는
② 결혼도 하고 여행도 할 수 있는
③ 친구도 사귀고 문화도 배울 수 있는
④ 외국어도 배우고 공부도 할 수 있는

30

　　구스타프 클림트의 작품인 <키스>를 보면 두 연인은 주변과 분리되어 꽃이 흩뿌려진 작은 초원 위에 서 있다. 두 사람은 독특한 금빛 안에 둘러싸인 채 서로에게 황홀하게 취해 있다. 이들이 있는 공간이 어디인지, 또 시간은 언제인지 (　　　) 그들은 모든 역사적, 사회적 현실에서 벗어나 마치 우주와 같은 곳에 존재하는 것처럼 보인다. 또한 보다 완전하고도 유일한 경험을 맛보고 있는 것처럼 표현될 수 있었다.

① 알기 쉽기 때문에　　　　　　　② 자세히 묘사하고 있기 때문에
③ 설명해주는 열쇠가 있기 때문에　④ 말해주는 단서가 거의 없기 때문에

31

　　그동안 휴대 전화 요금 내역을 꼼꼼히 보지 않았다면 눈 뜨고 코 베였을지도 모른다. 휴대 전화 이용자들은 신용카드가 없어도 매달 30만 원까지 '외상 거래'가 가능하다. 이러한 외상 거래는 휴대 전화 번호와 주민등록번호를 입력한 뒤, 본인 인증을 거치면 결제가 끝나고 결제 대금은 그 후에 휴대 전화 요금과 함께 정산된다. 이러한 결제 방식을 이용해 (　　　) 하소연이 끊이지 않는다.

① 결제가 편해졌다는　　　　　　② 휴대 전화 요금이 줄었다는
③ 누군가 몰래 돈을 빼갔다는　　　④ 오직 본인만 결제가 가능하다는

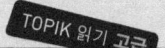

题型3 내용이 같은 것 고르기
选择内容相符项

例题

※ [32~34] 다음을 읽고 **내용이 같은 것**을 고르십시오. (각 2점)

32

　　오래 잔다고 해서 체중이 주는 것은 아니지만 잠을 잘 못 자면 체중이 늘 가능성이 높아진다. 수면 부족이 체중 증가로 이어지는 이유 중 하나는 잠이 부족하면 스트레스 호르몬이 분비되기 때문이다. 이 호르몬은 배고픔을 느끼게 해서 기름진 음식을 먹고 싶게끔 만든다. 수면 시간을 4시간으로 줄이자 이틀 후 혈중에 식욕을 증가시키는 호르몬의 농도가 30% 증가한 반면 식욕을 억제하는 호르몬은 18% 감소했다는 연구 결과도 있다.

① 잠을 오래 자면 잘수록 체중이 감소한다.
✔② 잠을 잘 못 자면 스트레스 호르몬이 생성된다.
③ 음식을 못 먹도록 하면 기름진 음식이 더 당기게 된다.
④ 수면 시간을 줄이면 식욕을 억제하는 호르몬이 증가한다.

 高分捷径

　　中级试题中也有这一题型。需要通读全文后才能解答。阅读较长文章时，应特别注意文章中反复出现的词，以及选项中的词。可以一边阅读，一边将选项与原文进行对比。

练习

请扫描封面二维码，获取电子书、题库、单词学习本等资源。

第1组

※ [32~34] 다음을 읽고 내용이 같은 것을 고르십시오. (각 2점)

32

> 어떤 각도에서 바라봐도 모나리자는 관객을 똑바로 쳐다본다. 이 현상은 문외한들이 보기에는 신기하기 짝이 없을지 몰라도, 그 뒤에 어떤 특별한 마술이 숨어있는 것은 아니다. 레오나르도 다빈치 같은 천재 화가만이 그런 작품을 그릴 수 있는 것도 아니다. 사실 모나리자의 시선에 숨은 비밀은 알고 보면 아주 간단하다. 초상화 속 인물의 두 눈 중 하나가 그림의 수직 방향 중앙선 위에 놓여 있으면 되는 것이다.

① 각도에 따라 모나리자의 눈의 높이가 다르다.
② 모나리자 작품 안에는 마술 같은 트릭이 존재한다.
③ 다른 화가들도 모나리자와 같은 그림을 그릴 수 있다.
④ 모나리자의 두 눈은 수평 방향 중앙선 위에 그려져 있다.

33

> 집 안을 아무리 쓸고 닦으며 청소해도 돌아서면 다시 먼지가 쌓이고 더러워진다. 그런데 자연 발생적인 오염 물질들은 대개 건강에 무해하다. 생활 먼지를 비롯한 각종 오염 물질 속에 세균과 박테리아가 포함되어 있는 것은 사실이다. 그러나 우리 몸이 스스로 알아서 정화하고 적응해 나가기 때문에 건강을 해칠 우려가 그리 크지 않은 것이다. 지나친 위생 관념이나 청결에 대한 집착이 오히려 면역력을 떨어뜨리고 그로 인해 더 많은 알레르기와 각종 감염을 일으킨다.

① 생활 먼지 속에는 세균과 박테리아가 포함되어 있어 인체에 해롭다.
② 우리 몸은 오염 물질을 정화할 수 없기 때문에 주의를 기울여야 한다.
③ 생활 먼지와 오염 물질들이 생기지 않도록 꾸준히 청소하는 것이 좋다.
④ 지나친 위생 관념이나 집착이 면역력을 떨어뜨려 감염을 일으키기도 한다.

34

　　사과 껍질을 깎아서 실온에 두면 금세 갈색의 얇은 막이 형성된다. 갈변이라 부르는 이 현상은 사과에 세균이 침투하지 못하도록 형성되는 것이다. 보기에는 안 좋을지 몰라도 인체에는 전혀 해롭지 않다. 색이 변한 부분을 잘라내지 않고 그대로 먹어도 체내에서 소화되지 않고 다시 배출되기 때문이다. 토마토나 감자, 오이 등도 자른 채로 두면 색이 변하는데 우리 눈에는 잘 보이지 않을 뿐이다.

① 갈변 현상은 세균이 침투되어 얇은 막이 형성되어 생기는 것이다.
② 색이 변한 부분을 먹어도 다시 배출되기 때문에 먹어도 상관없다.
③ 과일과 야채를 실온에 두면 갈변 현상이 생기는데 이것은 인체에 해롭다.
④ 사과가 아닌 다른 과일과 야채는 실온에 두어도 갈변 현상이 생기지 않는다.

第2组

※ [32~34] 다음을 읽고 내용이 같은 것을 고르십시오. (각 2점)

32

　　음식의 온도가 우리 몸에 미치는 영향이 크지 않기 때문에 따뜻한 음식을 먹느냐 차가운 음식을 먹느냐는 중요하지 않다. 전문가들이 하루에 한 끼는 따뜻한 음식을 먹으라고 권장하는 이유는, 정성과 시간을 들여 만든 요리는 여유를 갖고 천천히 음미하는 반면 요리 과정에 긴 시간을 투자하지 않은 음식들은 급하게 먹는 경향이 있기 때문이다. 급히 먹는 음식이 몸에 좋을 리 만무하다. 패스트푸드를 피하라는 것도 그 때문이다. 또한 음식을 익히지 않고 생식으로만 먹으려고 고집하는 것도 그다지 바람직한 식습관은 아니다.

① 우리 몸에는 차가운 음식보다는 따뜻한 음식을 먹는 것이 좋다.
② 음식의 온도보다 음식을 먹는 속도가 우리 몸에 더 영향을 끼친다.
③ 요리 과정에 긴 시간을 투자하지 않는 음식은 절대 먹으면 안 된다.
④ 패스트푸드는 간단하게 먹을 수 있는 실용적인 음식이니 먹어도 좋다.

(33)

　　고기압에서는 대기가 매우 안정적이기 때문에 오랫동안 맑은 날씨가 지속된다. 그런데 대기가 안정적이라고 해서 무조건 좋은 것은 아니다. 추운 겨울에 공기층이 너무 안정적이면 고도가 높아질수록 오히려 기온이 상승하는 현상이 일어난다. 이를 기온 역전 현상이라고 하는데 이 때 오염된 공기가 제대로 순환되지 않고 한곳에 정체되면서 스모그 현상이 발생할 수도 있다. 스모그 현상은 대기 속의 먼지나 매연 입자가 수증기와 엉겨 안개처럼 되는 현상으로 자동차의 배기가스가 주범이다.

① 대기가 안정적일 때가 가장 좋은 날씨다.
② 겨울에는 고도가 높아질수록 기온이 내려간다.
③ 기온 역전 현상과 스모그 현상은 아무런 관계가 없다.
④ 겨울에는 고기압 현상이 지속되는 것이 좋은 것만은 아니다.

(34)

　　동창은 혈액 순환 장애나 혈관의 수축, 혹은 영양분의 부족으로 발생하는 질환이다. 맹추위가 기승을 부릴 때보다는 습도가 높은 겨울에 오랜 시간 실외에 머무를 때 더 걸리기 쉽다. 대표적 증상은 피부에 멍처럼 보이는 푸르스름하고 넓은 자국이 생기는 것인데 해당 부위에 극심한 통증을 느낄 수도 있고 반대로 감각이 없어질 수도 있다. 또한 동창에 걸린 부위는 습기와 추위에 민감해진다. 동창은 일반적으로 어린이나 빈혈 환자에게 많이 나타나는데, 동창에 걸리기 쉬운 사람은 장갑이나 두꺼운 양말 등으로 방한에 유의해야 하고, 손과 발을 마사지하거나 따뜻한 물로 목욕을 하여 혈액의 순환을 좋게 해야 한다.

① 동창은 강추위가 기승을 부리는 겨울에 걸리기 쉽다.
② 동창에 걸린 부위는 혈액 순환이나 혈관과는 관계가 없다.
③ 동창에 걸리면 감각이 없어지기 때문에 통증을 느낄 수 없다.
④ 어린이나 빈혈 환자들은 동창에 걸리지 않도록 특히 주의해야 한다.

第3组

※ [32~34] 다음을 읽고 내용이 같은 것을 고르십시오. (각 2점)

32

빗질은 두피에 있는 피지 샘을 자극하여 피지의 분비를 촉진시킨다. 따라서 원래 머릿결이 지성이라면 되도록 빗질을 하지 않는 편이 좋지만 건성 모발인 사람은 빗질로 머릿결을 더 부드럽고 윤기 있게 가꿀 수 있다. 머리가 긴 사람도 하루에 여러 번 머리 뿌리부터 끝까지 정성스럽게 빗어주면 머릿결 관리에 도움이 된다. 다만 너무 딱딱한 빗을 사용하면 오히려 머릿결이 손상될 수 있다.

① 모발의 상태와 상관없이 빗질은 되도록 많이 하는 것이 좋다.
② 빗질을 할 때는 어떤 빗으로든 상관없이 자주 하는 것이 좋다.
③ 머리가 긴 사람은 빗질을 자주 하는 것이 머릿결 관리에 좋다.
④ 빗질은 두피의 피지 샘을 자극하여 피지가 생기지 않도록 해준다.

33

걷는 것이 가만히 서 있는 것보다 더 힘들다고 생각하는 사람이 많다. 하지만 실제로 오랫동안 가만히 서 있어 보면 그 말이 틀렸다는 것을 알 수 있다. 가만히 서 있을 때가 걸을 때보다 다리에 더 무리가 가기 때문이다. 걸을 때에는 한쪽 다리에는 부담이 가시만 나머지 다리는 쉴 수 있다. 즉 다리가 하나씩 교대 근무를 하기 때문에 피곤함을 덜 느끼는 것이다.

① 걷는 것이 서 있는 것보다 힘들다.
② 서 있을 때에는 다리에 무리가 없다.
③ 걸을 때는 한 쪽 다리에 번갈아 힘을 주면 된다.
④ 서 있을 때는 양쪽 다리에 반반씩 무리를 주게 된다.

34

알코올이 체내에 들어가면 몸이 뜨거워지는 느낌이 들며 뜨거운 술을 마실 때에는 체온이 더 급속도로 상승하는 것 같다. 하지만 그 느낌은 어디까지나 주관적인 착각일 뿐, 실제로는 알코올 때문에 신체 표면의 혈관이 확장되면서 체온이 오히려 떨어진다. 그러나 과음한 상태에서는 체온이 떨어지는 것을 잘 느끼지 못한다. 추위를 느끼는 감각이 마비되기 때문이다.

① 뜨거운 술을 마시면 체온이 올라간다.
② 과음을 하면 추위를 느끼는 감각이 민감해진다.
③ 알코올은 혈관을 수축시키면서 체온을 떨어뜨린다.
④ 술을 마시면 체온이 오르는 느낌이 드는 것은 착각이다.

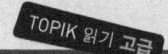

題型4 글의 주제 고르기
选择文章主题

例題

※ [35~38] 다음 글의 **주제로 가장 알맞은** 것을 고르십시오. (각 2점)

③⑤   음식 알레르기를 경험한 사람이 한국 인구의 25%나 된다. 음식 알레르기는 가벼운 부작용만 일으키고 넘어갈 수도 있지만 심하면 목숨을 잃게 할 만큼 위험하다. 따라서 알레르기를 앓는 사람들은 식당뿐 아니라 마트에서 반찬을 고를 때도 신중에 신중을 기한다. 2003년부터 포장 가공식품에 알레르기 유발 성분을 표시하도록 했지만 일반 음식점에서 조리해서 파는 음식은 성분 표시 의무대상에서 제외돼 있어 알레르기 환자들은 외식이 걱정스럽다.

① 음식 알레르기를 경험한 사람이 점점 늘어나고 있다.
② 음식 알레르기는 생명에 지장을 줄 만큼 위험한 질병이다.
✔③ 안심하고 먹을 수 있도록 모든 음식에 성분 표시가 필요하다.
④ 알레르기 유발 성분을 표시해도 알레르기를 방지하는 데 효과가 없다.

 高分捷径

　　解答这一题型，应首先阅读选项，找出反复出现的词，并以此推测文章内容。然后，阅读文章的第一句和最后一句。这是因为在很多情况下，文章主题一般出现在文章的最开头或最末尾。如果文章的开头和结尾都没有主题句，那么就需要阅读全文后再找出中心句。

练习

请扫描封面二维码，获取电子书、题库、单词学习本等资源。

※ [35~38] 다음 글의 주제로 가장 알맞은 것을 고르십시오. (각 2점)

③⑤

　　다문화 지원 정책은 각 부처별로 외국인 정책, 외국인 근로자 정책, 다문화가족지원 정책, 결혼이주민 정책, 자녀 세대 정책 등으로 나뉘어 있다. 이 때문에 전달 체계의 혼란과 중복 지원의 논란이 계속되고 있다. 계속 이렇게 하면 예산도 낭비되고 정책의 효과도 반감될 수 있다. 각 부처가 제각각 수행하는 다문화 지원 정책을 일원화하면서 부처별 전문성을 최대화할 수 있는 독립된 총괄 기구를 설치할 필요가 있다.

① 다문화 지원 정책에 심각한 문제가 많다.
② 다문화 지원 정책이 효과적으로 이루어지고 있다.
③ 다문화 지원 정책을 여러 부처에서 나누어 시행해야 한다.
④ 다문화 지원 정책을 총괄할 수 있는 독립된 기구가 필요하다.

③⑥

　　타인에게 봉사를 하거나 착한 일을 하는 사람을 보기만 해도 우리 몸속에서 바이러스와 싸우는 면역 기능이 좋아진다는 연구 결과가 나왔다. 이러한 현상은 평생 가난한 사람들과 함께한 테레사 수녀의 이름을 따서 테레사 효과라고 부른다. 이처럼 테레사 효과는 남을 도움으로써 일어나는 정신적, 신체적, 사회적 변화를 말한다. 나눔과 봉사 활동은 심리적인 뿌듯함을 줄 뿐만 아니라 신체 건강까지도 좋게 한다.

① 테레사 효과는 남을 도우면서 변하는 과정을 일컫는다.
② 봉사를 하면 건강이 좋아지므로 누구나 봉사 활동을 해야 한다.
③ 나눔과 봉사는 신체 건강뿐만 아니라 정신적으로도 좋은 효과를 준다.
④ 봉사 활동에 적극 참여할 수 있도록 국제 구호 단체들을 만들어야 한다.

[37]

　　우리는 생활에 필요한 물건들을 구입해서 사용하는데, 이 물건들이 언제 만들어졌는지 알지 못하면 곤란한 경우가 생긴다. 특히 우리가 먹는 식품은 시간의 흐름에 따라 상태가 변하거나 썩기 쉽다. 자연식품은 물론, 비교적 오래 보존하기 위해 가공한 식품들도 시간이 지나면 결국 상하게 된다. 따라서 온전한 상태의 식품을 먹으려면 그 식품이 언제 생산되었고 언제까지 먹어야 안전한지 정확히 알 필요가 있다.

① 가공식품은 오래 보존되기 때문에 유통기한에 민감하지 않다.
② 유통기한이 긴 가공식품보다는 자연식품을 먹는 것이 안전하다.
③ 자연식품은 유통기한에 상관없이 언제든 먹어도 되므로 편리하다.
④ 제조 날짜를 모르면 곤란한 경우가 많이 생길 수 있으므로 주의해야 한다.

[38]

　　품앗이는 공동생활에서 일손이 필요한 곳의 일을 거들어 주고 나중에 자기가 일손이 필요할 때 도움을 받는 풍습인데, 농촌에서 주로 농사철에 집집마다 돌아가며 노동력을 주고받는 형식으로 이루어졌다. 이러한 품앗이 계산법에는 그 노동의 결실이 얼마이건 상관없이 사람의 노동은 모두 동등 한 가치를 갖는다는 생각이 담겨 있다. 그래서 여성, 어린이, 노인만 있는 집에서도 능력 있는 일손과 노동력을 교환할 수 있었다. 품앗이는 작은 힘을 모아서 공동으로 문제를 해결해 나갔던 실용적이면서도 인간적인 방법이다.

① 품앗이는 실용저이고 인간저인 방법이다.
② 품앗이는 농촌에서만 이루어지는 방법이다.
③ 품앗이는 철저하게 계산적인 사고방식에 의해서 생겨났다.
④ 품앗이는 노동력이 부족한 여성과 어린이, 노인에게만 이득을 준다.

第2組

※ [35~38] 다음 글의 주제로 가장 알맞은 것을 고르십시오. (각 2점)

[35]

　　백독백습은 백 번 읽고 백 번 쓴다는 말이다. 백독백습으로 학문을 닦은 위인들 중에 가장 유명한 사람을 꼽으라면 단연 세종대왕을 꼽을 수 있다. 백독백습과 비슷한 뜻으로 1만 시간의 법칙이라는 것이 있다. 어떤 분야에서 세계 최고가 되기 위해서는 1만 시간을 들여야 한다는 것이다. 이렇듯 이루고 싶은 일, 정말 잘하고 싶은 일이 있다면 백독백습과 1만 시간의 법칙을 실천해서 성공을 이룰 수 있을 것이다.

① 백독백습으로 학문을 닦은 위인들이 많다.
② 백독백습을 하지 않으면 최고가 되기 어렵다.
③ 어떤 분야든지 1만 시간만 할애하면 무조건 성공할 수 있다.
④ 1만 시간의 법칙과 백독백습의 자세로 노력한다면 성공을 이룰 것이다.

(36)

후광효과는 처음 만났을 때 느꼈던 인상으로 상대방의 전체적인 품성이
나 능력을 판단하거나 어떤 사람의 부분적인 면만 보고 그와 관계없는 다
른 영역까지도 짐작하는 태도를 뜻한다. 이렇게 상대방의 특성을 똑바로
보지 못하고 그 사람의 장점이나 단점 하나만 보고 다른 부분들을 성급하
게 판단해서는 안 된다. 겉모습에만 현혹되지 말고 섣부른 판단과 오해 대
신 상대방의 진짜 모습을 보려고 하면서 마음을 여는 자세가 필요하다.

① 후광효과와 실제 모습 모두 중요하다.
② 후광효과는 첫인상이 중요하다는 것을 강조하는 말이다.
③ 후광효과로 인해 상대방을 성급하게 판단해서는 안 된다.
④ 사람들의 첫인상이 중요하므로 처음 만날 때 신경을 써야 한다.

(37)

사람들은 오랜 연구와 노력을 통해 스마트폰을 만들어냈다. 하지만 스마
트폰을 만든 인간들은 자신들이 만든 기계에 의해 점점 바보가 되고 있다.
미래에는 기계보다 인간이 더 멍청해지는 일이 일어날 수도 있다. 가끔은
스마트폰으로 정보를 그때그때 찾아보는 게 편할 수도 있다. 하지만 정말
필요한 지식은 시간을 들여서 공부하는 것이 자신에게 이로운 방법이다.

① 스마트폰으로 지식을 쌓는 건 좋지 않다.
② 스마트폰을 사용하면 정보 찾기에 유리하다.
③ 스마트폰을 자주 사용하면 두뇌 발달에 좋다.
④ 지식을 얻는 데는 스마트폰이 가장 좋은 방법이다.

(38)

머리가 좋은지 나쁜지는 뇌의 크기보다 뇌의 구조에 더 많이 좌우된다.
예를 들어 인간의 뇌는 동물의 뇌보다 더 작지만 대뇌, 소뇌, 간뇌, 중뇌, 연
수 등 훨씬 더 복잡한 구조를 지니고 있다. 그리고 각 부분들이 신경망으로
조밀하게 연결되어 있기 때문에 사람이 동물보다 지능이 더 좋은 것이다.
지능이 떨어진 치매 환자들 중에는 신경 연결망이 손상된 경우가 많다.

① 지능은 뇌의 구조에 의해 결정된다.
② 동물의 뇌는 연결망이 손상되어 지능이 낮다.
③ 신경망의 연결이 복잡할수록 치매에 걸릴 위험이 높다.
④ 인간은 동물보다 뇌의 크기가 더 크고 구조도 복잡하다.

第3组

※ [35~38] 다음 글의 주제로 가장 알맞은 것을 고르십시오. (각 2점)

(35)

> 요즘에는 누구나 하고 싶은 말이 생기면 주저하지 않고 그 자리에서 휴대 전화를 꺼내 들어 SNS에 적는다. 대부분 이렇게 고민 없이 글을 적으므로 SNS에 있는 글들은 누구나 할 수 있는 말이 대부분이다. 이것이 바로 종이로 인쇄되는 신문이 더 소중하게 느껴지는 이유다. 그렇기 때문에 기사를 작성하는 기자야말로 누구나 할 수 있는 말보다는 해야 할 말을 해주길 기대해 본다.

① 인터넷 신문은 기사의 질이 떨어진다.
② 요즘은 누구나 신문기자만큼 쉽게 글을 쓴다.
③ 신문기자는 많은 고민을 하며 글을 써야 한다.
④ 인터넷 신문보다는 종이 신문에 더 애착이 간다.

(36)

> 학생들을 대상으로 역사의식을 조사한 결과, 학생들의 역사의식이 턱없이 부족했다. 학생들에게 역사 과목에 흥미를 느끼게 하려면 어떻게 해야 할까? 내안을 제시하자면 지금까지 시행됐던 암기 중심의 수업이 아니라 주제 중심으로 역사를 배우는 방법이 있다. 예를 들어 현재 논란이 되는 역사 문제에 대해 핵심적인 쟁점을 중심으로 공부하는 방법이다.

① 학생들의 부족한 역사의식이 심각한 문제이다.
② 학생들이 역사의식에 관심을 갖도록 학교가 앞장서야 한다.
③ 학생들에게 현재 논란이 되는 역사적 사건을 가르치는 건 위험하다.
④ 학생들의 역사의식을 높이기 위해 주제 중심으로 역사를 배우는 게 좋다.

(37)

　　일찍 일어나고 일찍 자는 것이 건강에 좋다는 말이 있지만 실제로 밤 12시 이전에 자느냐 이후에 자느냐는 중요하지 않다. 사람마다 생활 주기와 바이오리듬이 다르기 때문에 각자 자신에게 편한 시간을 택하면 된다. 일찍 자는 것보다 언제 자더라도 하루에 최소 다섯 시간 이상 충분히 자는 것이 더 중요하다. 그래야 휴식과 충전이 가능하기 때문이다.

① 일찍 일어나고 일찍 자는 것이 건강에 좋다.
② 되도록 오랜 시간 동안 자야 휴식과 충전이 된다.
③ 사람마다 생활 주기가 달라서 자는 시간이 다르다.
④ 일찍 자는 것보다 적당한 시간을 충분히 자는 것이 좋다.

(38)

　　많은 전문가들이 합성 비타민의 위험성에 대해 경고하고 있다. 비타민 제품에 표시된 함유량은 최소한 그 이상이 들어 있다는 것을 나타낼 뿐 정확하게 그 함유량만큼 들어있다는 의미가 아니다. 실제로는 표시된 함유량보다 더 많은 양의 성분이 포함되어 있는 경우가 많다. 시간이 지나면 약효가 떨어질 것을 감안하여 생산할 때 미리 기준량보다 더 많은 양의 비타민을 함유시키는 것이다. 하지만 인체가 처리할 수 있는 비타민의 양은 한계가 있으므로 주의가 필요하다.

① 비타민을 복용하는 것은 건강에 좋다.
② 비타민 함유량이 많은 제품을 먹어야 한다.
③ 비타민은 시간이 지나면 약효가 떨어지니 많이 먹는 게 좋다.
④ 인체가 처리할 수 있는 비타민의 양은 제한이 있으니 조심해야 한다.

题型5 <보기>의 문장이 들어가는 곳 고르기
选择适合填入框内句子的位置

例题

※ [39~41] 다음 글에서 <보기>의 문장이 들어가기에 가장 알맞은 곳을 고르십시오. (각 2점)

39

몸에 있는 날카로운 가시로 험한 야생에서 자신을 보호하는 동물들이 있다. 동물의 몸에 나 있는 가시는 한눈에 보기에도 위협적이어서 다른 동물이 쉽게 공격하지 못하게 한다. (㉠) 이렇게 스스로를 방어하고 다른 동물을 위협하는 역할 외에도 동물의 가시는 여러 가지 일을 한다. (㉡) 가시처럼 생긴 돌기들 사이에는 아주 작은 구멍이 나 있어서 피부에 습기가 닿으면 바로 빨아들인다. (㉢) 그리고 흡수한 습기를 가시 밑에 저장할 수 있어서 건조한 사막에서도 살아남을 수 있는 것이다. (㉣)

<보 기>

그 예로 오스트레일리아 사막에 사는 가시도마뱀은 몸에 돋아 있는 가시로 자신을 보호할 뿐만 아니라 가시 아래에 물을 저장하기도 한다.

① ㉠   ② ㉡   ③ ㉢   ④ ㉣

 高分捷径

解答这一题型时，首先需仔细阅读框内句子。阅读句子时，应特别注意句子最开头的词。在初步判断出适合填入框内句子的位置后，可以将框内句子代回原文，与前后文连起来读一遍。如果时间充足，最好把全文再通读一遍，以检查是否自然通顺。

练习

请扫描封面二维码，获取电子书、题库、单词学习本等资源。

第1组

※ [39~41] 다음 글에서 <보기>의 문장이 들어가기에 가장 알맞은 곳을 고르십시오. (각 2점)

(39)

리셋 증후군에 걸린 학생들의 경우 폭력적인 컴퓨터 게임에 몰두한 나머지 현실과 가상의 세계를 혼동하기도 한다. (㉠) 그래서 범죄 행위를 해도 이를 단지 게임의 일종으로 착각하여 죄책감이 들더라도 껐다 켜면 다시 되돌릴 수 있을 거라 생각한다. (㉡) 이러한 리셋 증후군은 사이버 중독의 하나로, 참을성이 부족하고 타인을 배려하지 않는 자기 위주의 행동을 두드러지게 하는 아이에게서 주로 나타난다. (㉢) 이 증후군에 걸린 아이들의 특징은 마음에 들지 않는 일이나 사람들을 쉽게 버리고 다시 시작하려고 한다는 것인데 이는 현실적으로 불가능한 일이다. (㉣)

─── <보 기> ───

그러나 생각과 달리 현실은 리셋할 수 없다.

① ㉠   ② ㉡   ③ ㉢   ④ ㉣

(40)

오존층은 지구로 내리쬐는 태양의 강한 자외선을 막아서 지구 안에서 생명이 살 수 있도록 보호해 준다. (㉠) 오존층을 파괴하는 것은 주로 프레온 가스이다. (㉡) 프레온 가스의 지나친 사용으로 오존층이 파괴되면 오존층은 강력한 자외선을 제대로 흡수하지 못하게 된다. 이에 따라 태양 빛을 직접적으로 받게 된 지구는 점점 뜨거워진다. (㉢) 이것을 온실효과라고 하는데 온실 가스가 지구 대기를 둘러싸고 태양열을 붙잡아 두면서 지구가 겨울에도 따뜻한 온실처럼 더워지는 현상이다. (㉣)

─── <보 기> ───

이것은 냄새도 없고 불에 타지 않는 물질로, 에어컨이나 스프레이, 냉장고 등에 사용되고 있다.

① ㉠   ② ㉡   ③ ㉢   ④ ㉣

[41]

　　지휘자의 일 가운데 가장 기본은 단원들에게 박자를 잡아 주는 것이다. (㉠) 즉, 곡이 시작하는 것과 끝나는 것, 빠르기와 강약을 단원들에게 알려 주어 각 파트의 균형이 잘 잡히도록 하는 것이다. (㉡) 보통 왼손으로는 각 파트의 소리를 조절하거나 틀린 부분을 알려준다. (㉢) 오른손으로는 음의 강약과 박자, 높낮이를 한꺼번에 나타내는 도형을 그린다. (㉣)

──── ＜보 기＞ ────

　　지휘자는 눈빛과 몸짓, 손짓으로 단원들이 쉽게 알아차릴 수 있도록 신호를 보낸다.

① ㉠　　　　　② ㉡　　　　　③ ㉢　　　　　④ ㉣

第2组

※ [39~41] 다음 글에서 ＜보기＞의 문장이 들어가기에 가장 알맞은 곳을 고르십시오. (각 2점)

[39]

　　카멜레온은 주변 환경의 색깔에 따라 몸 색깔이 바뀐다. (㉠) 어째서 이렇게 몸 색깔을 바꾸는 것일까? (㉡) 그것은 바로 자신의 몸을 보호하기 위해서이다. (㉢) 천적으로부터 몸을 보호하기 위해 눈에 잘 띄지 않게 몸의 색깔을 바꾸는 것이다. (㉣)

──── ＜보 기＞ ────

　　초록빛 나뭇잎이 우거진 곳에서는 초록색으로 변하고 바위틈에서는 바위 색깔로 변한다.

① ㉠　　　　　② ㉡　　　　　③ ㉢　　　　　④ ㉣

[40]

　　돈을 벌기 위한 목적이 아닌, 영화를 만드는 사람의 의도에 따라 제작한 영화를 독립 영화라고 한다. (㉠) 영화 제작 비용을 제공해 주는 제작사와 배급사로부터 독립했다고 해서 독립 영화라고 불리게 되었다. (㉡) 독립 영화는 대부분 만든 사람의 생각과 주제가 깊게 담겨 있어 관객들에게 생각할 거리를 던져 준다. (㉢) 그 결과 영화 수익금도 생겨났고, 이것은 다시 독립 영화에 재투자되어 지금은 다양한 독립 영화들이 제작되고 있다. (㉣)

─── <보 기> ───
이러한 독립 영화들은 예전에는 흥행과는 거리가 멀었지만, 작품에 따라 흥행을 하는 영화도 생겼다.

① ㉠   ② ㉡   ③ ㉢   ④ ㉣

41

피그말리온 효과는 그리스 신화에 나오는 조각가 피그말리온의 이름에서 유래한 심리학 용어이다. (㉠) 조각가인 피그말리온은 아름다운 여인 조각상을 조각해 놓고 그만 그 여인상을 사랑하게 되었다. (㉡) 그 사랑이 얼마나 순결했던지 여신 아프로디테가 감동하여 여인상에 생명을 불어넣어 두 사람이 부부가 되어 살게 해 주었다. (㉢) 이처럼 피그말리온 효과는 다른 사람이 나를 존중하고 기대를 하면 그 기대에 부응하는 쪽으로 변하려고 노력하여 그렇게 된다는 것을 의미한다. (㉣)

─── <보 기> ───
실제로 피그말리온 효과에 관한 실험을 하였는데 실험 결과로 이를 증명했다.

① ㉠   ② ㉡   ③ ㉢   ④ ㉣

第3组

※ [39~41] 다음 글에서 〈보기〉의 문장이 들어가기에 가장 알맞은 곳을 고르십시오. (각 2점)

39

제로섬 게임이란 게임에 참가한 사람들의 이득과 손실을 합하면 결국 제로가 되는 게임을 말한다. (㉠) 즉, 전체의 이익이 일정하여 한쪽이 득을 보면 반드시 다른 한쪽이 손해를 보는 상태를 일컫는다. (㉡) 한 팀이 얻은 점수와 다른 팀이 잃은 점수를 합하면 결국 제로가 된다는 것을 알 수 있다. (㉢) 결국 한쪽이 다른 쪽의 것을 가져와서 얻은 것이라는 이야기다. (㉣)

─── <보 기> ───
축구 경기를 예로 들어 보면 쉽게 알 수 있다.

① ㉠   ② ㉡   ③ ㉢   ④ ㉣

40

　음악의 3요소는 멜로디, 리듬, 하모니이다. 우리말로 멜로디는 선율 또는 가락, 리듬은 박자, 하모니는 화성이라고 한다. (㉠) 화성은 둘 이상의 음이 한꺼번에 울리면서 생기는 화음이 특별한 법칙에 맞게 연결된 것을 말한다. (㉡) 화성은 모든 음악에 필요한 것은 아니다. (㉢) 실제로 세계 여러 지방의 민요들 가운데에는 화성이 없는 음악도 있다. (㉣)

―――――〈보　기〉―――――

　하지만 멜로디와 리듬이 없는 음악이란 세상에 존재하지 않는다.

① ㉠　　　　　② ㉡　　　　　③ ㉢　　　　　④ ㉣

41

　갈라파고스 증후군이란 세계의 움직임을 읽지 못하고 동떨어진 채 자신들만의 것을 고집하다가 고립되는 현상을 말한다. (㉠) 이러한 섬의 상황에 빗대어 만들어진 말이 갈라파고스 증후군이다. (㉡) 대표적인 예로 최고의 기술력을 인정받던 일본의 전자 제품이 자국 시장에만 몰두한 결과 경쟁력이 약화되어 세계 시장에서 고립된 상황을 일컫는 말로 주로 쓰였다. (㉢) 지금은 세계 시장의 흐름에 발맞추지 못하여 곤란에 처하게 되는 상황을 가리키는 용어로 자리 잡았다. (㉣)

―――――〈보　기〉―――――

　갈라파고스 섬은 육지에서 멀리 떨어져 있어 독자적으로 진화한 종들이 서식했는데 육지와 교류가 잦아지면서 새로운 종이 들어오자 면역력이 약한 고유종이 멸종위기에 처했다.

① ㉠　　　　　② ㉡　　　　　③ ㉢　　　　　④ ㉣

말투의 느낌 + 내용과 같은 것 고르기
选择语气 + 选择内容相符项

例题

※ [42~43] 다음을 읽고 물음에 답하시오. (각 2점)

　　토요일이었다. 개울가에 이르니, 며칠째 보이지 않던 소녀가 건너편 가에 앉아 물장난을 하고 있었다. 모르는 척 징검다리를 건너기 시작했다. 얼마 전에 소녀 앞에서 한번 실수를 했을 뿐 여태 큰길 가듯이 건너던 징검다리를 오늘은 조심스럽게 건넌다.

　　"애."

　　못들은 척했다. 둑 위로 올라섰다.

　　"애, 이게 무슨 조개지?"

　　자기도 모르게 돌아섰다. 소녀의 맑고 검은 눈과 마주쳤다. 얼른 소녀의 손바닥으로 눈을 떨구었다.

　　"비단조개."

　　"이름도 참 곱다."

　　갈림길에 왔다. 여기서 소녀는 아래 켠으로 한 삼 마장쯤, 소년은 위 켠으로 한 십리 가까이 길을 가야한다.

　　소녀가 걸음을 멈추며, "너 저 산 너머에 가본 일 있니?" 벌 끝을 가리켰다.

　　"없다."

　　"우리 가보지 않으련? 시골 오니까 혼자서 심심해 못 견디겠다."

　　"저래 뵈두 멀다."

　　"멀면 얼마나 멀기에? 서울 있을 땐 사뭇 먼 데까지 소풍갔었다."

　　소녀의 눈이 금세 '바보, 바보' 할 것만 같았다. 논 샛길로 들어섰다. 벼 가을 걷이하는 곁을 지났다. 허수아비가 서 있었다. 소년이 새끼줄을 흔들었다. 참새가 몇 마리 날아간다. '참 오늘은 일찍 집으로 돌아가 텃논의 참새를 봐야 할 걸' 하는 생각이 든다.

42 밑줄 친 부분에 나타난 소녀의 말투로 알맞은 것을 고르십시오.

① 불안하다   ✔② 간절하다

③ 흐뭇하다   ④ 거만하다

43 이 글의 내용과 같은 것을 고르십시오.

① 소녀는 산 너머로 소풍을 간 적이 있다.

② 소년은 소녀가 한 이야기를 듣지 못했다.

✔③ 소녀는 혼자 있는 시골 생활이 재미가 없다.

④ 소년은 소녀 앞에만 서면 자꾸 실수를 한다.

高分捷径

从这一题型开始，每道题会有两个问题。42 题要求选择文中人物的语气，这与选择作者心情没有太大区别。要答好这一题型，应尽量多掌握与语气、情绪相关的词汇。同时，不要太纠结于个别生词，最重要的是理解文章的整体意思。

练习

请扫描封面二维码，获取电子书、题库、单词学习本等资源。

第1组

※ [42~43] 다음을 읽고 물음에 답하시오. (각 2점)

> 나는 집안이 어려워 고등학교를 졸업하자마자 타국으로 와서 일을 하게 됐다. 내가 일하던 곳의 사장님은 고등학생 딸이 두 명 있었는데 나를 보면 항상 가슴이 아프다고 했다. "내 아이들은 좋은 환경에서 공부하는데 넌 이렇게 부모 형제도 없이 낯선 타국에 와서 고생하는 걸 보니 참 안 됐다."라고 하시면서 과일도 사 주시고 아이스크림이나 간식 등을 챙겨 주셨다.
>
> 그렇게 지낸 어느 날, 집주인이 월세를 더 많이 내지 않으면 당장 나가라고 했다. 그래서 갈 곳이 없어진 나에게 사장님이 "다른 집을 구할 때까지 우리 집에서 지내."라고 먼저 손을 내밀어 주셨다. 그래서 며칠 동안 사장님 가족들과 함께 지내게 되었다. 사장님의 딸들은 나보다 어렸는데 나를 마치 친언니를 대하듯 친절하게 대해 주었다. 윗물이 맑아야 아랫물이 맑다고 사장님인 아버지가 나에게 친절히 대해주니 사모님과 딸들도 나에게 친절히 대해 준 것 같다. 집을 구하기 전까지 사장님 집에서 며칠 동안을 편안하게 보냈다. 고향에 온 지금도 명절이면 사장님과 사장님 가족들에게 이메일을 보내며 안부를 주고받는다.

42 밑줄 친 부분에 나타난 사장님의 말투로 알맞은 것을 고르십시오.

① 쌀쌀맞다   ② 거만하다

③ 소심하다   ④ 다정하다

43 이 글의 내용과 같은 것을 고르십시오.

① 여자는 고향에 돌아가서도 종종 사장님과 연락을 한다.

② 여자는 사장님이 첫째 딸처럼 대해 줘서 언니 노릇을 했다.

③ 여자는 유학 중에 사장님과 가족들을 만나서 친분을 쌓아 왔다.

④ 여자는 집이 없어서 사장님의 집에서 계속 가족들과 함께 지냈다.

※ [42~43] 다음을 읽고 물음에 답하시오. (각 2점)

> 술이 어머니는 아들을 한번 만나보고 난 뒤부터는 아들 생각이 더 간절해졌다. 그녀는 날마다 장터에 기웃거리며 돌아다니고 있었다. 그러나 아들은 제가 약속한 사날이 지나고 보름이 지나고 한 달이 지나도 나타나지 않았다.
>
> 그럴수록 다만 한 가지 믿고 의지할 곳은 저 바위뿐이었다. 저 '복바위'가 저대로 땅위에 있는 날까지는 언제든 그의 아들을 만날 수 있을 것이며 그리고 자기의 병도 어쩌면 아주 고칠 수 있을는지도 모른다고 생각하였다.
>
> <u>'그저 비가 오나 눈이 오나 '복바위'만 갈아라.'</u>
>
> 그녀는 사람들이 다 잠든 밤이면 그 아프고 무거운 몸을 끌고 언제나 남몰래 바위를 찾아와 어루만지는 것이었다.
>
> 그러나 이번에는 '복바위'의 영검이 먼저와 같이 그렇게 쉽사리 나타나지 않았다. 이것은 아마 그녀가 언제나 캄캄한 어둠 속에서만 갈아서 이 '복바위'가 잘 응해 주지 않는 것이라고 생각하였다. 그래 그 이튿날부터는 사람들이 보지 않는 틈을 타서 될 수 있는 대로 낮에 갈기로 하였다.
>
> 그러나 이와 같이 낮에 사람의 눈을 피하기란 지극히 어려웠다. 그 날도 그녀는 역시 자기의 아들을 만나게 해 달라고 바위를 갈고 있다가 마을 사람의 눈에 띄게 되었다. 어느덧 새끼줄이 몸에 걸리는가 하더니 그녀의 몸은 곧 바위 위에서 떨어졌다. 그리하여 다리 밑까지 새끼줄에 걸린 채 개같이 끌려갔을 때는 온몸이 터져 피투성이가 되고 의식조차 잃고 있었던 것이다. 나중 간신히 정신을 차려 눈을 떠보았을 때, 동소임은 물을 길어다 바위를 씻고 있었다.

42 밑줄 친 부분에 나타난 술이 어머니의 심정으로 알맞은 것을 고르십시오.
① 야속하다 ② 간절하다
③ 거만하다 ④ 들떠 있다

43 이 글의 내용과 같은 것을 고르십시오.
① 아들은 약속한 날에 술이 어머니를 만나러 왔다.
② 술이 어머니는 낮에 복바위에서 기도하다가 사고를 당했다.
③ 술이 어머니는 어두운 밤에만 복바위를 찾아가 기도를 했다.
④ 술이 어머니는 자신의 건강을 위해 복바위에서 기도를 했다.

※ [42~43] 다음을 읽고 물음에 답하시오. (각 2점)

> "오빠, 편히 사시오."
> 계연은 이미 시뻘겋게 된 두 눈으로 성기의 마지막 시선을 찾으며 하직 인사를 했다.
> 성기는 계연의 이 말에 꿈을 깬 듯, 마루에서 벌떡 일어나, 계연의 앞으로 당황히 몇 걸음 어뜩 어뜩 걸어오다간, 돌연히 다시 정신이 나는 듯 그 자리에 화석처럼 발이 굳어 버린 채, 한참 동안, 장승같이 계연의 얼굴만 멍하게 바라보고 있었다.
> "오빠, 편히 사시오."
> 이렇게 두 번째 하직을 하는 순간까지도, 계연의 그 시뻘건 두 눈은 역시 성기의 얼굴에서 그 무슨 기적과도 같은 명령만을 기다리는 것이었고, 그러나 성기는 그 자리에 그냥 주저앉아 버릴 뻔하던 것을 겨우 버드나무 가지를 움켜잡을 수 있었을 뿐이었다.
> 계연의 시뻘겋게 상기된 얼굴은, 옥화와 그녀의 아버지가 그녀들을 지켜보고 있다는 것도 잊은 듯이 성기의 얼굴만 뚫어지게 바라보고 있었으나, 버드나무에 몸을 기대인 성기의 두 눈엔 다만 불꽃이 활활 타오를 뿐, 아무런 새로운 명령도 기적도 나타나지 않았다.
> "오빠, 편히 사시오."
> 하고, 거의 울음이 다 된, 마지막 목소리를 남기고 돌아선 계연의 저만치 가고 있는 항리 적삼을, 고운 햇빛과 늘어진 버들가지와 산울림처럼 울려오는 뻐꾸기 울음 속에, 성기는 우두커니 지켜보고 있을 뿐이었다.

42. 밑줄 친 부분에 나타난 계연의 말투로 알맞은 것을 고르십시오.

① 애틋하다
② 태연하다
③ 흐뭇하다
④ 쌀쌀맞다

43. 이 글의 내용과 같은 것을 고르십시오.

① 성기는 계연이와 헤어지는 꿈을 꿨다.
② 성기는 떠나가는 계연을 붙잡지 않았다.
③ 계연은 성기의 곁을 떠나게 되어 속이 시원하다.
④ 계연은 성기에게 한 번의 하직 인사를 하고 떠났다.

題型7 주제 + ( )에 들어갈 내용 고르기
选择主题 + 选择适合填入 ( ) 的一项

例題

※ [44~45] 다음을 읽고 물음에 답하십시오. (각 2점)

우리 몸이 움직일 때 발생하는 운동에너지와 열에너지를 모으면 전기를 만들 수 있다. 또한 선풍기가 돌아가면서 모터에서 발생하는 열을 다시 전기로 바꿀 수도 있다. 이렇게 우리 주변에서 ( ) 에너지를 전기에너지로 변환하는 기술을 '에너지 수확 기술'이라 한다. 이 기술은 사람이 걷거나 뛸 때 생기는 발의 압력과 팔의 흔들림을 이용해 전기를 만들고, 체온 유지를 위해 발생하는 열을 이용해 전기를 얻기도 한다. 이처럼 에너지 수확 기술은 열, 진동, 전자파, 운동 등 다양한 형태의 에너지를 이용한다. 최근 석탄, 석유와 같은 화석에너지 사용으로 발생하는 환경오염과 자원고갈 문제에 대한 대안으로 에너지 수확 기술이 더욱 주목을 받고 있다.

44 이 글의 주제로 알맞은 것을 고르십시오.
① 우리 몸에서 생기는 에너지를 모아서 전기를 만드는 기술이 개발됐다.
② 에너지 수확 기술은 운동에너지와 열에너지를 전기로 변환한 기술이다.
③ 화석에너지의 과잉 사용으로 환경오염 문제와 자원고갈 문제가 심각하다.
✓④ 환경오염과 자원고갈 문제를 해결하기 위한 에너지 수확 기술이 관심을 끌고 있다.

45 ( )에 들어갈 내용으로 알맞은 것을 고르십시오.
① 차곡차곡 쌓아둔
② 미리 계획해서 모아둔
③ 저렴하게 만들 수 있는
✓④ 무심코 버려지는 다양한

高分捷径

这一题型其实是高级题型 4 与高级题型 2 的组合。由于这一题型在给出一篇文章后要求回答两个问题，因此需要培养快速阅读的能力。

请扫描封面二维码，获取电子书、题库、单词学习本等资源。

第1组

※ [44~45] 다음을 읽고 물음에 답하십시오. (각 2점)

> 직업의 세계를 이해한다는 것은 다른 사람들의 삶을 이해한다는 것이다. 다른 사람이 어떤 일을 하는지 알게 되면, 언제 어려움을 겪고 언제 보람을 느끼는지 알 수 있다. 그러면서 그 일을 하는 사람들의 삶을 이해할 수 있다. 백화점에서 물건을 파는 판매원의 하루를 알게 되면 다양한 고객을 대하며 겪는 힘든 일상을 이해할 수 있다. 또 텔레마케터가 어떤 일을 하는지 알면 그들이 겪는 애환을 알 수 있게 된다. 그리고 더 이상 텔레마케터로부터 걸려 오는 전화가 그렇게 (   )이다. 이처럼 서로가 하는 일을 더 많이 이해할수록 우리는 서로를 더 자주 격려할 수 있게 된다.

44 이 글의 주제로 알맞은 것을 고르십시오.

① 칭찬과 격려가 일의 능률을 높여준다.
② 어떤 일을 하든지 직업에 귀천은 없다.
③ 직업을 갖고 있는 사람들은 모두 삶의 애환이 있다.
④ 다른 사람의 직업을 이해하면 그 사람의 삶을 이해할 수 있다.

45 (   )에 들어갈 내용으로 알맞은 것을 고르십시오.

① 즐겁지만은 않을 것　　　　　② 지루하지만은 않을 것
③ 재미있지만은 않을 것　　　　④ 불쾌하지만은 않을 것

第2组

※ [44~45] 다음을 읽고 물음에 답하십시오. (각 2점)

특정 상품에 대한 소비가 증가하면 수요가 줄고, 상품을 소비하는 사람이 줄면 수요가 늘어나는 현상을 스놉효과라고 한다. 예를 들어 명품족을 보면, 이들은 신상품이 나오면 신속하게 구매하다가도 그 제품이 많이 팔려 너도나도 구매하게 되면 더 이상 그 제품을 사고 싶어 하지 않게 된다고 한다. 이 때 스놉효과가 발생했다고 하며 한정판에 사람들이 몰리는 것도 이와 같은 맥락에서 이해할 수 있다. 이에 부응하기 위해서 명품 기업은 제품이 많이 판매되는 것을 바라면서도 동시에 (   ) 막중한 책임을 지게 된다. 따라서 명품 기업들은 공급을 인위적으로 축소해 도도한 브랜드 이미지를 형성해야 한다. 이 제품은 아무나 가질 수 없다는 걸 소비자에게 보여야 하는 것이다.

44 이 글의 주제로 알맞은 것을 고르십시오.

① 명품 기업들의 신상품은 가능한 한 많이 공급해야 한다.
② 명품 기업들은 아무나 구매할 수 없도록 값비싼 제품을 만들어야 한다.
③ 명품 기업들은 소비자들을 만족시킬 수 있도록 제품을 많이 공급해야 한다.
④ 명품 기업들은 스놉효과를 토대로 공급량을 줄여서 브랜드 이미지를 만들어야 한다.

45 (   )에 들어갈 내용으로 알맞은 것을 고르십시오.

① 판매가를 높게 형성해야 하는
② 상품을 회소하게 유지해야 하는
③ 명품족만을 위한 제품을 생산해야 하는
④ 늘어나는 수요에 따라 공급을 충족시키는

※ [44~45] 다음을 읽고 물음에 답하십시오. (각 2점)

> 대기업은 어느 순간부터 고객 만족을 넘어서 고객 감동을 추구하기 시작했다. 소비자는 (   ) 감동을 받는다. 자신이 잊고 있던 기념일을 애인이 챙겨주거나 친구가 꼭 필요한 것을 선물해 줄 때 감동을 느낀다. 이런 감동은 사적인 영역의 것이었으나 경제가 발달하면서 감동이 상품의 판매를 위한 도구로 사용되기 시작했다. 하지만 상품을 사고파는 관계를 넘어 애인이나 가족에게서나 얻을 수 있는 감동까지 선사하려는 기업의 마케팅 이면에는 극심한 스트레스에 시달리는 감정 노동자들이 있다. 이 감정 노동자들의 어려움을 이해한다면 쓸데없는 고객 감동은 사양할 줄 아는 것이 소비자의 바람직한 자세일 것이다.

44 이 글의 주제로 알맞은 것을 고르십시오.

① 친구나 애인이 감동을 느낄 수 있도록 세심한 주의를 기울여야 한다.
② 기업과 소비자의 관계는 돈과 상품만을 주고받는 관계가 되어야 한다.
③ 기업은 소비자들이 만족 이상으로 감동을 받을 수 있도록 노력해야 한다.
④ 소비자들은 감정 노동자들을 이해하고 쓸데없는 고객 감동을 바라지 않아야 한다.

45 (   )에 들어갈 내용으로 알맞은 것을 고르십시오.

① 사적인 느낌을 받을 때 ② 값비싼 선물을 받을 때
③ 세심한 배려를 받을 때 ④ 꼭 필요한 것을 받을 때

題型8 <보기> 문장이 들어가는 곳 + 내용과 같은 것 고르기
選擇适合填入框内句子的位置 + 选择内容相符项

例題

> ※ [46~47] 다음을 읽고 물음에 답하십시오. (각 2점)
>
> > 트램펄린은 탄력이 있는 크고 팽팽한 천을 틀에 고정시킨 것으로 스프링이 좋은 매트리스처럼 큰 탄력을 갖고 있다. 서커스에서 곡예사가 트램펄린 위에서 천을 차고 튀어오르면 천이 내려갔다가 그 반동으로 다시 제자리로 가려 하기 때문에 상하운동이 시작된다. (㉠) 이 경우 곡예사가 천을 한 번만 차고 밖으로 튀어나갔다면, 즉 천이 한 번만 눌리고 말았다면 자연적으로 천의 진동은 점점 줄어들어 얼마 안 가서 멎어 버릴 것이다. 그리고 그 진동이 멈추기 전까지 천은 언제나 일정한 비율로 진동한다. (㉡) 이러한 규칙적인 진동의 비율은 트램펄린의 크기와 모양 및 천의 재료, 또는 어떻게 천을 쳤는가에 따라 달라진다. (㉢) 이 진동을 그 트램펄린의 자연 진동이라고 부른다. (㉣) 이와 같은 자연 진동과 강제 진동이 조화를 이룸으로써 진동이 점점 커지는 것을 공진이라고 한다. 트램펄린은 이 공진 현상을 효과적으로 이용한 운동 기구다.
>
> **46** 다음 문장이 들어가기에 가장 알맞은 곳을 고르십시오.
>
> > 반면에 곡예사가 트램펄린 위에 탄 채 되풀이해서 천을 찬다면 천은 그대로 계속 상하 운동을 하는데 이를 강제 진동이라고 부른다.
>
> ① ㉠ ② ㉡ ③ ㉢ ✔④ ㉣
>
> **47** 이 글의 내용과 같은 것을 고르십시오.
>
> ① 트램펄린은 강제 운동을 통해서만 멈춘다.
> ② 트램펄린은 가만히 있어도 멈추지 않고 진동을 한다.
> ✔③ 트램펄린은 공진 현상을 이용한 대표적인 운동 기구다.
> ④ 트램펄린은 상하운동과 좌우운동을 할 수 있는 운동이다.

高分捷径

　　这一题型其实是高级题型 5 与高级题型 3 的组合。只要根据题型要求进行有针对性的练习，是不难答对的。

练习

请扫描封面二维码，获取电子书、题库、单词学习本等资源。

第1组

※ [46~47] 다음을 읽고 물음에 답하십시오. (각 2점)

> 현대 과학기술의 발전 속도는 이전에 비해 너무 빨라 새로운 산업들이 급속히 생겨나게 되었고, 그 결과 기존 산업들이 퇴출되는 과정에서 실업이 발생하고 있다. (㉠) 컴퓨터가 대중화되면서 수동 타자기로 문서를 작성해 주는 직업이 사라졌고, 카메라 기능이 내장된 휴대폰과 디지털카메라가 대중화되면서 필름 제조 기업들이 도산해 필름 회사 직원들이 일자리를 잃게 됐다. (㉡) 이러한 구조적 실업으로 인해 앞으로는 산업구조가 지금보다 더 빠른 속도로 변해 많은 사람들은 자신이 경제 활동을 하는 기간에 직업을 여러 차례 바꾸게 될 것이다. (㉢) 구조적 실업을 줄이기 위해 단순히 상품 소비를 늘리거나 기업의 투자를 확대하는 등 간접적인 해결책을 제시할 수도 있지만, 취업 역량 교육 프로그램 등 실업자들이 새로운 산업에 재취업할 수 있도록 직접적으로 도와주는 정책이 더 효과적이다. (㉣)

46 다음 문장이 들어가기에 가장 알맞은 곳을 고르십시오.

> 이처럼 기술 개발로 인해 산업구조가 바뀌어서 발생하는 실업을 '구조적 실업'이라고 한다.

① ㉠   ② ㉡   ③ ㉢   ④ ㉣

47 이 글의 내용과 같은 것을 고르십시오.

① 스마트폰의 발달만으로 필름 제조 기업들이 쓰러지게 되었다.
② 컴퓨터가 대중화되면서 다양한 직업이 생겨 실업자가 많이 줄었다.
③ 구조적 실업을 줄이기 위해서는 무엇보다 상품의 소비량을 증가시켜야 한다.
④ 과학기술의 발전으로 신생 산업이 생기기도 하고 퇴출 기업도 생겨나기도 한다.

※ [46~47] 다음을 읽고 물음에 답하십시오. (각 2점)

광장공포증은 공포장애 중에서 가장 심하고 파괴적인 것이다. 광장공포증은 사람이 없고 끝이 안 보일 정도로 넓은 광장의 한가운데 서있을 때, 그 곳에서 벗어나서 도움을 청하거나 급한 일을 해결할 수 없을 것이라는 불안감이 생긴다는 뜻에서 상징적으로 이름 지어진 증상이다. (㉠) 실제로는 달리는 버스나 지하철, 터널이나 다리 위, 고속도로, 또는 사람이 많은 대형 할인마트, 줄을 서거나 순서를 기다릴 때 등 그 상황에서 급히 벗어나기 어려운 상황에서 종종 불편함, 불안과 긴장 증상이 나타난다. (㉡) 이 증상은 평소 진찰이나 신체검사 또는 심리검사를 통해 이상 소견이 발견되지 않을 뿐 아니라 정상적으로도 가끔씩은 경험할 수 있는 증상이기도 하다. (㉢) 하지만 증상이 장기간 지속되거나 정도가 심하여 생활에 지장을 초래할 정도가 되면 정신과에서 증상을 상세히 설명하고 진찰을 받는 것이 좋다. (㉣)

46 다음 문장이 들어가기에 가장 알맞은 곳을 고르십시오.

때문에 병원을 찾아도 이상이 없는 상태라는 소견을 듣는 경우가 많다.

① ㉠   ② ㉡   ③ ㉢   ④ ㉣

47 이 글의 내용과 같은 것을 고르십시오.

① 공포장애 중에서 가장 심각한 질병인 광장공포증은 치료가 불가능하다.
② 조금이라도 광장공포증 증상을 갖고 있는 사람은 반드시 병원에 가야 한다.
③ 평소에 심리검사나 신체검사를 통해 광장공포증이 있는지 쉽게 알 수 있다.
④ 사람이 많은 곳에서 불편함과 불안함을 느끼는 사람은 광장공포증을 의심해 봐야 한다.

第3组

※ [46~47] 다음을 읽고 물음에 답하십시오. (각 2점)

핵가족화와 여성의 사회활동 참여 증가 등 사회 환경의 변화로 가족에 의한 노인 부양기능은 크게 약화되고 있다. (㉠) 더욱이 경제력 있는 노인들이 늘어나면서 자녀에게 의지하기보다는 독립된 생활을 즐기려는 경향이 강해지고 있다. 이러한 고령자들의 소비 패턴 및 가치관의 변화는 앞으로 더욱 가속될 것이며, 이는 실버마켓 성장의 토대가 될 것으로 보인다. (㉡) 또한 노후 생활을 대비한 저축 증대와 국민연금 등의 확대로 노후 소득이 보장되고, 개인주의가 확산되면서 고령자들이 스스로를 위해 능동적인 소비를 하는 비중이 크게 늘어나고 있다. (㉢) 이처럼 소비 주체가 되는 실버세대가 선호하는 상품은, 젊음과 건강을 추구하려는 욕구를 만족시켜야 하고 물리적인 상품보다는 레저, 관광 등 시간 소비 욕구를 만족시키는 상품이어야 하며, 거동 불편으로 인한 행동의 불편함을 해소할 수 있도록 편리성을 제공해야 한다. (㉣)

46 다음 문장이 들어가기에 가장 알맞은 곳을 고르십시오.

아울러 정부도 실버 비즈니스 활성화를 위해 노인복지 예산을 확대하는 한편 실버 관련 기업에 대한 정책적 지원을 보다 강화해야 할 것이다.

① ㉠   ② ㉡   ③ ㉢   ④ ㉣

47 이 글의 내용과 같은 것을 고르십시오.

① 고령자들의 가치관은 예나 지금이나 다름이 없다.
② 고령자들은 자신을 위한 소비는 거의 하지 않는다.
③ 실버세대와 젊은 세대는 선호하는 상품이 다르지 않다.
④ 정부는 실버 비즈니스를 위해 지원을 아끼지 말아야 한다.

글을 쓴 목적 + (   )에 들어갈 내용 + 필자의 태도 고르기
选择写作目的 + 选择适合填入 (   ) 的一项 + 选择作者态度

例题

※ [48~50] 다음을 읽고 물음에 답하십시오. (각 2점)

최근 몇 년간 중소 서점들이 운영 위기에 처해 있다. 디지털 기기의 사용 증가에 따라 독서량이 감소한 것이 가장 큰 원인이겠지만 온라인 서점이 활성화되면서 오프라인 서점이 온라인 주문을 하기 전에 책을 둘러보는 장소가 되어버린 것도 하나의 원인이라 할 수 있다. 더군다나 지역 서점이나 헌책방은 시내에 있는 대형 서점보다 (   ) 다소 불편하다는 점도 운영난의 원인이 되고 있다. 이를 해결하기 위해 서점 업계에서는 지역 서점이 주민들과 가까워질 수 있는 문화 행사, 지역 기업과의 자매결연, 시민단체를 통한 지역 서점 활성화 캠페인 등의 해결책을 내놓기도 했다. 지역 서점을 홍보하는 이러한 행사는 어느 정도 효과적일지 몰라도 책과 직접적인 관련이 없을 뿐더러 진정한 서점 활성화 방안이라고 보기에는 부족하다는 지적도 있다. 또한 행사와 관련된 지원을 받는 부분을 중소 서점주들에게 모두 일임하는 것이 중소 서점의 참여에 장벽으로 작용하기도 한다. 이렇게 중소 서점주에게 부담을 주는 방안보다는 서점 업계와 지역 기업, 주민 등이 함께 협조해 나갈 수 있는 방안을 모색해야 한다.

48 필자가 이 글을 쓴 목적을 고르십시오.
① 대형 서점이 인기 있는 이유를 설명하기 위해
② 지역 서점 운영이 어려워진 원인을 밝히기 위해
✓③ 지역 서점의 더 나은 활성화 방안을 살펴보기 위해
④ 서점 운영이 처해있는 위기의 상황을 분석하기 위해

49 (   )에 들어갈 내용으로 알맞은 것을 고르십시오.
① 규모가 크고, 저렴한 가격으로 책을 사기에는
② 규모도 작고, 대형 서점과 달리 익숙해지기에는
③ 접근성이 높고, 대형 서점만큼 쉽게 책을 고르기에는
✓④ 접근성도 낮고, 눈치 안 보고 들어가서 마음껏 구경을 하기에는

(50) 밑줄 친 부분에 나타난 필자의 태도로 알맞은 것을 고르십시오.

① 경험이 적은 중소 서점주들을 지지하고 있다.

② 문화 행사와 관련해 지원받는 것에 우호적이다.

✓③ 모든 책임을 떠안는 중소 서점주들을 걱정하고 있다.

④ 책과 직접적인 관련이 없는 문화 행사를 비판하고 있다.

 高分捷径

　　这一题型是唯一一个只给出一篇文章，却要回答三个问题的题型。

　　48 题要求选择写作目的。

　　49 题的题型与高级题型 2 是相同的。

　　50 题要求选择作者态度。所谓作者态度，是指作者对文章中某一特定内容的感受或意见。材料主要通过人物的语气、感觉等表达作者态度，说明文或议论文表达作者态度时则要直接得多。解答这一题型时，应尽量多掌握与态度有关的词汇。

练习

请扫描封面二维码，获取电子书、题库、单词学习本等资源。

第1组

※ [48~50] 다음을 읽고 물음에 답하십시오. (각 2점)

> 연말연시 이웃돕기 성금 모금 현황을 나타내는 '사랑의 온도탑'이 그저께 100도를 넘었다. 광화문광장에 있는 이 온도탑은 모금 목표액을 1% 초과하면 100도에서 1도씩 올라간다. 어제는 모금액이 3277억 원을 넘어 105.4도를 기록했고, 이것은 지난 1999년 캠페인을 시작한 이후 역대 최고 모금액이라고 한다. 이는 개인 기부금 비율의 증가를 이유로 꼽을 수 있는데 개인 기부금 비율은 올해 10% 가까이 늘었다. 이와 같은 현상에는 서민들의 작은 기부가 큰 몫을 했다. 구두 수선공이 수입의 10%를 떼 한 해 동안 모은 82만 원을 전달하고, 폐지를 파는 기초생활수급대상자가 저금통을 털어 28만 원을 건네는가 하면, 장애인 부부가 생활비를 아껴 모은 30만 원을 성금으로 내놨다.
>
> 어려운 이웃들의 십시일반은 우리 사회에 큰 감동을 주고 있다. 지금 우리는 (   ) 무한경쟁의 사회에 살고 있다. 경제 불황 속 어쩌면 인생에서 돈이 가장 중요하다고 여길 수도 있다. 다만 우리의 현실에서 혹여라도 '나만 잘살면 된다'는 풍조가 뿌리내린다면 공동체를 지탱하는 공존과 공생의 가치가 허물어질 수 있다는 점을 간과해선 안 된다.

48 필자가 이 글을 쓴 목적을 고르십시오.

① 개인 기부 방법을 소개하기 위해
② 이웃들의 여러 선행들을 알리기 위해
③ 공동체의 공생의 가치를 강조하기 위해
④ 이웃돕기 성금 모금이 증가한 이유를 설명하기 위해

49 (   )에 들어갈 내용으로 알맞은 것을 고르십시오.

① 서민들이 서로를 아끼고 돕는
② 열심히 노력하면 언젠가는 성공하는
③ 적은 돈이라도 열심히 모으면 큰돈이 되는
④ 서민과 가난한 이들의 삶이 갈수록 팍팍해지는

50 밑줄 친 부분에 나타난 필자의 태도로 알맞은 것을 고르십시오.

① 개인주의 성향이 강한 현대인들을 옹호하고 있다.
② 무한경쟁 사회에서 개인의 경쟁력을 강조하고 있다.
③ 공생의 가치가 무너져가는 공동체를 염려하고 있다.
④ 공동체적 가치만을 강조하는 현실을 비판하고 있다.

第2组

※ [48~50] 다음을 읽고 물음에 답하십시오. (각 2점)

선진국에서 사용하는 소비재의 상당 부분은 개발도상국들로부터 수입한 것들이다. 선진국 제조업체들이 개도국 업체들과의 경쟁에 밀려 생산을 포기했거나, 더 많은 이윤을 찾아 (   ) 개도국으로 생산 시설을 옮겼기 때문이다. 이는 결과적으로 부유한 나라들의 온실가스 배출구를 가난한 나라들 쪽으로 돌려놓은 것이나 마찬가지다.

무역 흐름을 살펴보면 부유한 나라들에서 가난한 나라들 쪽으로는 대체로 서비스와 기술집약적 상품이 흘러간다. 반대 방향으로는 제조 과정에 에너지가 많이 투입되고 유해물질이 많이 나오는 상품이 이동한다. 개도국에서 온실가스 배출량이 급증하는 반면, 선진국에서는 온실가스 배출량이 크게 늘지 않는 밑바탕에 이런 무역 구조가 있다.

진보적 연구자나 운동가들은 이렇게 선진국이 개도국한테 하는 '탄소 전가'를 '탄소 세탁'으로 규정하기도 한다. 불법적 자금을 합법적인 출처에서 나온 자금인 양 바꿔버리는 '돈세탁', 환경 친화적인 것과는 거리가 먼 기업이나 상품을 친환경적인 것처럼 포장하는 '녹색 세탁'과 비슷하게 보는 것이다. 개도국에서 급증하는 온실가스 배출은 선진국 정부와 소비자들도 함께 책임을 느끼고 고민해야 할 문제이다.

48 필자가 이 글을 쓴 목적을 고르십시오.

① 선진국과 개도국 사이의 무역 구조를 설명하기 위해서
② 선진국과 개도국의 온실가스 배출량을 비교하기 위해서
③ 선진국과 개도국의 제조 과정의 차이를 알려주기 위해서
④ 개도국의 온실가스 배출량이 급증하는 이유를 설명하기 위해서

49 (　　)에 들어갈 내용으로 알맞은 것을 고르십시오.

　　① 인건비가 높고 환경 규제가 없는

　　② 인건비가 싸고 환경 규제가 엄격한

　　③ 인건비가 비싸고 환경 규제가 심한

　　④ 인건비가 저렴하고 환경 규제가 느슨한

50 밑줄 친 부분에 나타난 필자의 태도로 알맞은 것을 고르십시오.

　　① 탄소 전가하는 선진국 정부를 비판하고 있다.

　　② 온실가스 배출량이 급증하는 개도국을 걱정하고 있다.

　　③ 온실가스 배출량이 늘지 않는 선진국을 옹호하고 있다.

　　④ 환경 보호를 위한 친환경 사업의 중요성을 역설하고 있다.

第3组

※ [48~50] 다음을 읽고 물음에 답하십시오. (각 2점)

　　방송 내용에 대한 징계 여부를 정하는 방송통신심의위원회(방통심의위)에서 심의위원들이 모두 합의해서 안건을 처리하는 경우가 급감하고 다수결 결정이 급증한 것으로 나타났다. 지난해 방통심의위가 의결한 1083건의 방송 심의 가운데 479건이 전원합의가 아닌 다수결로 의결돼 그 비율이 44.2%에 달한다고 한다. 6년 동안 다수결 의결 비중이 63배 불어난 대신 전원합의 의결 비중은 50%대로 떨어진 것이다. 민간 독립기구인 방통심의위는 위원들의 합의에 따라 의사 결정을 하는 '합의제'를 표방하고 있다. 그럼에도 불구하고 방통심의위에서 다수결로 밀어붙이는 경우가 급증하고 있다. 이는 여야 추천 6 대 3으로 이뤄진 위원회 구조가 원인이라 할 수 있다. 따라서 합의제 정신을 구현하기 위해서는 지금과 같이 (　　　　) 구조를 바꿔야 한다. 지난해 방통심의위원을 여야가 각각 4명씩 추천하고 1명은 여야 합의로 추천하는 내용을 담은 '방송통신심의위원회 설치 및 운영에 관한 법률 개정안'이 발의되기도 했다.

48 필자가 이 글을 쓴 목적을 고르십시오.

　　① 방통심의위의 위원회 구조의 문제점을 지적하기 위해

　　② 방통심의위에서 안건을 처리하는 과정을 설명하기 위해

　　③ 방통심의위의 설치와 운영에 대한 특성을 설명하기 위해

　　④ 방통심의위에서 안건을 처리하는 방법의 차이점을 대조하기 위해

49 ( )에 들어갈 내용으로 알맞은 것을 고르십시오.

① 여러 사람들의 의견이 만장일치로 되는
② 정치적 소수의 의견이 존중받을 수 있는
③ 많은 사람들의 의견을 받아들이기 어려운
④ 정치적 다수의 의견이 쉽게 관철될 수 있는

50 밑줄 친 부분에 나타난 필자의 태도로 알맞은 것을 고르십시오.

① 여야 추천제 비율의 중요성을 역설하고 있다.
② 여야 합의로 이루어진 구조를 비판하고 있다.
③ 방통심의위의 현재 위원회 구조를 지지하고 있다.
④ 전원합의 의결 비중이 떨어진 것에 대해 환호하고 있다.

第3章　模拟试题

扫码获取单词学习本

模拟试题1

请扫描封面二维码，获取电子书、题库、单词学习本等资源。

※ [1~2] (　　　)에 들어갈 가장 알맞은 것을 고르십시오. (각 2점)

1　아들은 (　　　) 소용없다고 하던데 정말 그 말이 맞는 거 같다.
　　① 키워 봤자　　②돌보느라고　　③ 보살피다가　　④ 기르다 보니

2　어제는 눈도 오고 날씨가 많이 (　　　) 오늘은 날이 많이 풀렸다.
　　① 추워야　　　　②춥던데　　　　③ 추운지　　　　④ 춥더라도

※ [3~4] 다음 밑줄 친 부분과 의미가 비슷한 것을 고르십시오. (각 2점)

3　갑자기 내린 눈으로 인해 교통이 정체되어 회사에 지각할 수밖에 없었다.
　　① 눈이라서　　　　② 눈이므로　　　　③ 눈 때문에　　　　④ 눈인 데다가

4　다음 달 용돈을 얻는 대로 예쁜 옷을 한 벌 살 작정이다.
　　① 받자마자　　② 받는 만큼　　③ 타는다기에　　④ 타는 데다가

※ [5~8] 다음은 무엇에 대한 글인지 고르십시오. (각 2점)

5

도심 속 편안한 휴식처, 조식도 무료로 드립니다.

　　① 식당　　　　　② 호텔　　　　　③ 공원　　　　　④ 찜질방

6

"꺼지지 않는 희망"

드디어 위대한 작품을 만나다!
가난한 사람들의 인간애를 다룬 이야기

소설의 원작을 뛰어넘은 웅장하고 아름다운 무대에 여러분을 초대합니다.

　　① 책　　　　　② 영화　　　　　③ 공연　　　　　④ 서점

7

✔ 두 줄로 서서 여유있게 타세요.
✔ 손잡이를 잡고 타야 더욱 안전합니다.
✔ 걷거나 뛰는 것은 사고의 위험이 높습니다.

① 계단　　　② 자동차　　　③ 자전거　　　④ 에스컬레이터

8

희망 온돌 따뜻한 겨울 보내기

아직도 난방이 안 되는 집에서 지내는 이웃이 있습니다.
여러분들의 작은 도움이 집안 온도를 1도씩 올려줍니다.

① 계절　　　　② 기부　　　　③ 수리　　　　④ 아파트

※ [9~12] 다음 글 또는 도표의 내용과 같은 것을 고르십시오. (각 2점)

9

다문화가족 설 맞이 행사

다문화가족지원센터에서는 우리 고유의 명절, 설날을 맞이하여
다문화가족 설 맞이 행사를 진행합니다.

＊일 시 : 1월 21일(화) 10:00~16:00
＊장 소 : 다문화 센터 강당
＊내 용 : 만두 빚기, 연 만들기, 소원염주 만들기 (점심 및 기념품 제공)
＊인 원 : 결혼이민자 가족(3인 이상) 선착순 60명
＊신 청 : 센터 내 4층 사무실

① 점심을 준비해서 가는 것이 좋다.
② 남편과 아내 두 사람이서 행사에 참여할 수 있다.
③ 행사에 참여하기 위해서는 미리 신청을 하는 것이 좋다.
④ 행사에 참여하고 싶은 사람은 행사 당일에 센터 사무실로 가면 된다.

10

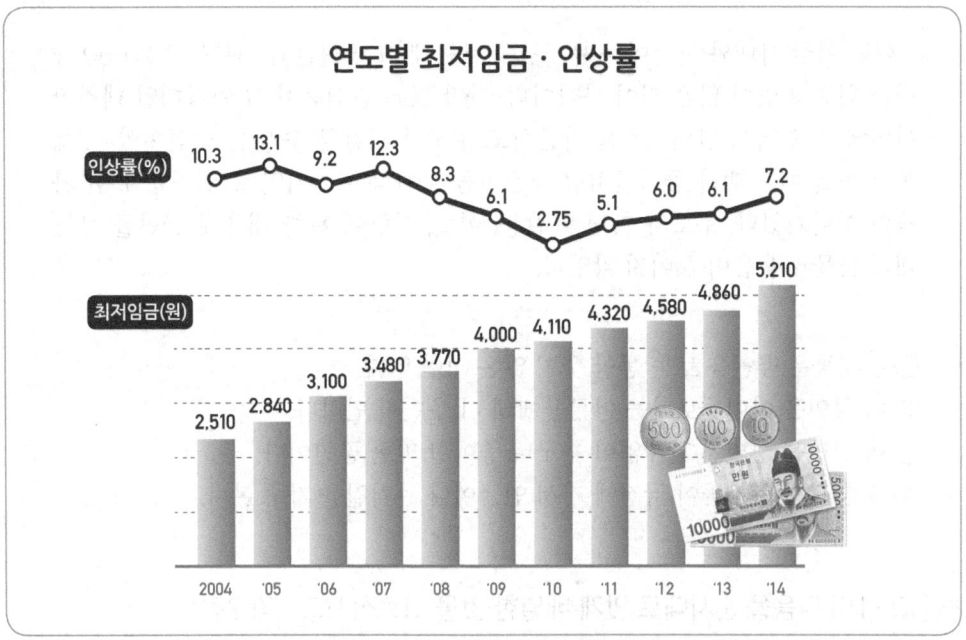

연도별 최저임금 · 인상률

① 최저임금 인상률은 2004년부터 계속 증가하였다.
② 2014년에 처음으로 최저임금이 5000원을 넘었다.
③ 최저임금 인상률이 가장 높았던 해는 2014년도였다.
④ 2010년에 최저임금과 최저임금 인상률이 가장 낮았다.

11

　계속되는 열대야에 잠을 이루지 못하는 사람들이 많아졌다. 잠이 오지 않을 때엔 오랜 시간 뒤척이기보다 잠자리에서 벗어나 독서 등 가벼운 활동을 하다가 잠이 오면 다시 잠자리에 드는 게 좋다. 또한 이른 저녁 시간 가벼운 운동을 하는 것도 숙면에 도움이 된다. 샤워는 찬물보다는 미지근한 물로 하는 것이 좋다. 찬물 샤워는 근육을 긴장시켜 오히려 체온을 다시 올릴 수 있기 때문이다.

① 잠이 오지 않을 때에는 몸이 힘들 정도로 운동을 하는 게 좋다.
② 숙면을 위해서는 가벼운 활동과 함께 운동, 샤워를 매일 하는 것이 좋다.
③ 찬물 샤워는 근육을 긴장시켜 체온을 떨어뜨릴 수 있어서 피하는 게 좋다.
④ 잠이 오지 않을 때에는 잠자리에서 잠시 벗어나 가벼운 활동을 하는 것이 좋다.

12

나는 가끔 아내와 연극이나 뮤지컬을 보는데 그 공연들의 대부분은 20, 30 세대를 위한 공연이 많은 것이 사실이다. 가장 많은 관객층이 그 연령대일 테지만 이번에 본 연극은 남녀노소를 막론하고 누구나 공감할 수 있는 공연이었다. 제목만 봤을 때는 여타 공연들처럼 젊은이들의 사랑 이야기인 줄 알았는데 한 가족의 이야기였다. 부모와 자녀의 갈등, 이해, 사랑에 관한 내용에 공연을 보는 내내 눈물과 웃음이 끊이지 않았다.

① 관객들은 공연을 보는 동안 웃지 않은 적이 없다.
② 이 공연은 아이들보다는 어른들에게 더 추천할 만하다.
③ 이 공연은 성별에 관계없이 누구나 좋아할 만한 공연이다.
④ 요즘 많은 부부들이 극장에 가서 연극이나 뮤지컬을 자주 본다.

※ [13~15] 다음을 순서대로 맞게 배열한 것을 고르십시오. (각 2점)

13

(가) 자신의 이름을 밝힐 때 성을 말하고 약간 쉬었다가 이름을 말하면 상대방이 쉽게 이해할 수 있다고 한다.
(나) 명함을 줄 때는 일어선 자세로 자기를 소개하면서 명함을 건네는 것이 예의이다.
(다) 명함을 받을 때는 일어선 자세로 받으며 명함을 받고 내용을 확인한다.
(라) 직장 생활이나 개인 사업에서 일반적으로 사람들을 만나게 되면 제일 먼저 주고받는 게 명함이다.

① (나)-(가)-(다)-(라)　　　　② (라)-(나)-(가)-(다)
③ (나)-(가)-(라)-(다)　　　　④ (라)-(가)-(나)-(다)

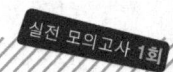

14

(가) 만약 해파리에 쏘였다면 식초나 바닷물로 상처 부위를 씻어낸 후 독이 퍼지기 전에 긁어내야 한다.

(나) 왜냐하면 민물로 독을 씻어내는 과정에서 독이 몸에 퍼질 수도 있기 때문이다.

(다) 해파리에 쏘이면 상처 부위를 수돗물이나 생수 등 민물로 씻으면 안 된다.

(라) 또한 강독성 해파리에 쏘였다면 응급조치 후 빨리 병원에서 치료를 받아야 한다.

① (가)-(라)-(나)-(다) ② (다)-(나)-(가)-(라)
③ (가)-(나)-(라)-(다) ④ (다)-(가)-(라)-(나)

15

(가) 하지만 어떤 쓰레기는 묻거나 태우지도 못하고 재활용도 불가능하다.

(나) 일반적으로 쓰레기는 묻거나 태우는데, 어떤 쓰레기는 분리수거를 거쳐 재활용을 하기도 한다.

(다) 이러한 쓰레기를 줄이기 위해서는 일상생활에서부터 쓰레기를 만들지 않기 위해 일회용 물건을 사용하지 않는 습관을 들여야 한다.

(라) 물건을 고를 때도 재활용할 수 있는 재질의 물건을 고르는 것이 좋다.

① (나)-(가)-(다)-(라) ② (라)-(나)-(가)-(다)
③ (나)-(라)-(가)-(다) ④ (라)-(나)-(다)-(가)

※ [16~18] 다음을 읽고 (   )에 들어갈 내용으로 가장 알맞은 것을 고르십시오. (각 2점)

16

아침 식사는 우리의 건강에서 중요한 역할을 하므로 고른 영양과 함께 섭취되어야 한다. 신체는 수면 중에도 많은 에너지를 쓰기 때문에 아침 식사를 하지 않을 경우 오전의 활동은 무기력해지며, 이로 인해 점심이나 저녁에는 과식을 하게 되어 비만이나 심장병과 같은 성인병에 걸릴 확률도 높아진다. 또한 아침 식사는 그날의 감정을 좌지우지하기도 한다. 따라서 아침 식사는 (   ).

① 병에 걸리지 않게 하기 때문에 먹는 것이 중요하다
② 건강에 가장 중요한 영향을 끼치기 때문에 먹는 것이 중요하다
③ 하루의 에너지를 소모하지 않기 위해서 제대로 먹는 것이 중요하다
④ 건강은 물론 그날의 기분을 위해서라도 제대로 챙겨먹는 것이 중요하다

17

> 자기주도 학습이란 공부를 하는 사람이 교육과정을 스스로 계획해서 공부하는 것을 의미한다. 글로벌 시대에는 많은 지식을 아는 것보다 기존 지식을 잘 활용하고 이를 바탕으로 (　　　　　　　). 이러한 창의력을 가진 인재는 시켜서 하는 공부가 아닌 자기주도적으로 학습하는 능력을 통해서 키워진다.

① 더 많은 지식을 쌓은 인재를 키운다
② 새로운 지식을 만들어내는 인재를 원한다
③ 다양한 지식을 구별할 수 있는 인재를 찾는다
④ 가장 효과적인 지식을 선별할 수 있는 인재를 원한다

18

> 20대에서 30대의 시기는 지출과 저축의 균형이 깨지기도 쉽지만, 그 균형을 바로잡을 수 있는 가장 적절한 시기이기도 하다. 지출과 저축의 균형을 바로잡는 일은 현재와 미래의 삶 사이의 균형을 세우는 일과 같다. 현재의 삶에서 지출을 늘리면 미래의 삶에 부정적인 영향을 주는 반면에 현재의 삶에서 저축을 늘리게 되면 (　　　　　　).

① 미래는 상관없이 현재의 삶에는 도움이 된다
② 현재는 고사하고 미래에도 긍정적인 영향을 준다
③ 현재는 다소 힘들지라도 미래의 삶에는 도움이 된다
④ 현재는 좋더라도 미래의 삶에 부정적인 영향을 준다

※ [19~20] 다음을 읽고 물음에 답하십시오. (각 2점)

> 감기에 걸렸을 때 일본에서는 따뜻한 청주를, 한국에서는 소주를, 러시아에서는 보드카를 마시면 감기가 나아진다는 속설이 있다. 하지만 이는 잘못된 민간요법이다. (   ) 음주량이 지나치면 염증이나 탈수를 일으켜 감기 치료에 방해가 된다. 감기에 걸렸다면 몸을 따뜻하게 하고, 따뜻한 음료를 마시고 푹 쉬는 것이 회복에 가장 좋은 방법이다.

19 (   ) 에 들어갈 알맞은 것을 고르십시오.
    ① 도대체   ② 마침내   ③ 오히려   ④ 어쩌면

20 이 글의 내용과 같은 것을 고르십시오.
    ① 감기에 걸렸을 때는 휴식을 취해야 한다.
    ② 술을 많이 마시면 감기 치료에 도움이 된다.
    ③ 감기에 효과가 있는 술은 온 나라가 다 똑같다.
    ④ 감기에 술이 좋다는 민간요법은 지금도 여전히 효과가 있다.

※ [21~22] 다음을 읽고 물음에 답하십시오. (각 2점)

> 어떤 직업을 갖는 것이 좋을까? 많은 사람들에게 인기가 있는 직업이 좋을까? 돈을 많이 버는 직업이 좋을까? 그렇지 않다. 자신의 적성에 맞는 일, 또 자신이 가장 좋아하는 일을 하는 것이 좋다. 만약 자신의 적성과 아무런 상관없이 일을 하게 된다면 중간에 그만두거나 후회할 것이 (   ). 따라서 자신이 좋아하는 것을 기준으로 다양한 직업을 찾아보고 그런 직업을 갖기 위해서 노력하면 자신에게 맞는 좋은 직업을 선택할 수 있을 것이다.

21 (   ) 에 들어갈 알맞은 것을 고르십시오.
    ① 속을 태우다   ② 진땀을 빼다
    ③ 무게를 더하다   ④ 불 보듯 훤하다

22 이 글의 중심 생각을 고르십시오.

① 모든 사람들이 선호하는 직업이 가장 좋다.

② 하나의 직업보다는 다양한 직업을 가지는 것이 좋다.

③ 직업을 선택할 때는 자신의 적성에 맞는 것을 골라야 한다.

④ 직업을 선택하기 위해서는 자신의 성격을 아는 것이 중요하다.

※ [23~24] 다음을 읽고 물음에 답하십시오. (각 2점)

> 수업 종이 울리고 얼마 되지 않았을 때의 일이다. 갑자기 뒤에 앉은 친구가 내 의자를 발로 찼다. 그래서 나는 기분이 나빠서 "왜 의자를 발로 차고 그래?"라고 말했다. 그러자 뒤에 앉은 내 친구는 무슨 소리를 하는지 모르겠다는 듯 의아하게 나를 쳐다보았다. 그리고 얼마 안 있어 또 내 의자가 흔들렸다. 화가 나서 친구를 돌아보는 순간 교실 전체의 의자와 책상이 심하게 흔들리기 시작했다. 당황해서 어쩔 줄 모르는 선생님과 친구들이 우왕좌왕하고 있는데 교실 밖에서 "지진이다, 지진이 일어났다."라는 소리가 들렸다. 그리고 나는 교실에서 어떻게 나왔는지 모르겠다. 거리에는 눈물을 흘리며 소리를 지르면서 누군가를 찾고 있는 사람들로 넘쳤다. 나는 부모님에게 전화를 걸었지만 연결이 되지 않아 집을 향해 계속 달리고 또 달렸다. 달리는 내내 <u>나도 모르게 눈물이 흘렀다</u>.

23 밑줄 친 부분에 나타난 글쓴이의 기분으로 알맞은 것을 고르십시오.

① 계속 달려서 힘들다.

② 친구가 괴롭혀서 화가 났다.

③ 가족들에게 전화가 오지 않아 화가 났다.

④ 가족이 사고를 당하지 않았을까 염려하고 있다.

24 이 글의 내용과 같은 것을 고르십시오.

① 수업을 하고 있는데 지진이 일어났다.

② 나는 지진이 일어나서 학교로 대피했다.

③ 나의 가족들은 지진 때문에 피해를 보았다.

④ 뒤에 앉은 친구가 계속 나의 의자를 발로 찼다.

※ [25~27] 다음은 신문 기사의 제목입니다. 가장 잘 설명한 것을 고르십시오. (각 2점)

25

> 20일 전국에 큰 눈 내린다 ··· 출근길 비상

① 20일 전국적으로 많은 눈이 내려 출근길이 혼잡할 것이다.
② 20일 동안 전국에 많은 눈이 내려 출근길이 좋지 못할 것이다.
③ 20일 전국적으로 눈이 많이 내렸지만 출근길에는 문제가 없다.
④ 20일 전국에 큰 눈이 내렸지만 자가용으로 출근하는 사람이 없어 한산했다.

26

> 일하는 20대, 9년 새 82만 명 감소 ··· 올해도 고용 '암울'

① 20대 청년층의 경제활동 참가율이 증가해서 올해 고용 시장이 활기를 띠고 있다.
② 20대 청년층의 경제활동 참가율이 9년 만에 크게 떨어져 올해 고용 시장이 어둡다.
③ 20대에 일하는 청년들의 수가 9년 동안 계속 증가해서 올해 고용 시장 전망이 밝다.
④ 20대에 일하는 청년들의 수가 9년 사이에 하락해 올해는 장년층의 일자리 전망이 밝지 않다.

27

> '댄스의 전설' 김수연 작가, 공포물로 안방극장 복귀 예정

① '댄스의 전설'을 쓴 김수연 작가가 공포 영화에 출연한다.
② '댄스의 전설'을 썼던 김수연 작가가 공포 영화 작가로 변신했다.
③ '댄스의 전설'의 작가 김수연 씨가 TV 드라마에 배우로 나올 예정이다.
④ '댄스의 전설'의 작가 김수연 씨가 이번에는 공포 드라마를 선보일 예정이다.

※ [28~31] 다음을 읽고 (   )에 들어갈 내용으로 가장 알맞은 것을 고르십시오.
　　(각 2점)

28

　　한국에서도 뮤지컬 <그리스>는 'No.1 뮤지컬'이라는 애칭으로 불리며, 인기를 이어나가고 있다. 2003년부터 정식으로 공연되기 시작되면서, 2013년 한국 초연 10주년을 맞이하였다. 국내 공연 10년간 평균 객석 점유율 90% 이상을 기록하며 (　　　　　　　) 흥행 신화를 이어가고 있다. 또한 뮤지컬 <그리스>는 10년간 대한민국을 대표하는 스타들을 배출해내고 있다.

① 곧 끝나는　　　　　　　　② 멈추지 않는
③ 새로 시작하는　　　　　　④ 계속 매진되는

29

　　주부들을 참 (　　　　　　　) 요소 중 하나가 바로 음식물 쓰레기이다. 잠시만 방심해도 금세 지독한 냄새가 나서 눈살 찌푸려지게 하고, 국물이 뚝뚝 흘러 부엌을 오염시키는 일도 다반사다. 그렇다고 해서 음식물 쓰레기를 아예 안 나오게 할 수도 없으니, 쉽게 처리할 수 있는 노하우가 필요할 수밖에 없다.

① 만족시키는　　　　　　　② 지루하게 하는
③ 성가시게 하는　　　　　　④ 부지런하게 하는

30

　　에어컨을 제대로 청소하지 않으면 악취가 날 뿐만 아니라 오염으로 인해 호흡기 질환에 걸리기 쉽다. 여름 한 철 사용하는 에어컨은 겨울철에 관리가 더욱 중요하다. 청소를 제대로 안 하면 에어컨 내부에 먼지가 쌓여 세균과 곰팡이가 생기기 때문이다. 그나마 에어컨을 한참 사용하는 여름철에는 종종 에어컨 청결에 관심을 기울이지만 겨울철에는 거의 (　　　　　　　) 봐도 무방하다. 그래서 겨울철 관리가 더 중요하다는 것이다.

① 세워진다고　　　　　　　② 방치한다고
③ 비워 둔다고　　　　　　　④ 신경 쓴다고

31

> 눈이 내린 사찰은 소복한 눈과 함께 마음이 편안해짐을 느낄 수 있는 장소이다. 국립공원에서는 초보자들도 쉽게 가서 볼 수 있는 아름다운 설경 탐방지로 사찰을 추천하기도 했다. 설경을 보기 위해 추운 겨울에 눈 쌓인 산을 오르기가 부담스럽다면 사찰을 둘러보면서 설경을 즐길 수 있다. 특히 사찰 설경지의 장점이라면 (   ). 때문에 누구나 쉽게 아름다운 설경을 감상할 수 있어서 가족 단위로 많이 찾는 장소이다.

① 완만한 경사가 별로 없다는 점이다
② 경사가 거의 없는 평지라는 것이다
③ 사람이 많지 않아 한적하다는 것이다
④ 높은 경사로 스릴을 맛볼 수 있다는 것이다

※ [32~34] 다음을 읽고 내용이 같은 것을 고르십시오. (각 2점)

32

> 소비를 통해 우리 생활이 풍족해지고 편리해질수록 지구는 몸살을 앓고 있다. 당장은 나에게 이득이 되지 않거나 때론 조금 불편하고 비싸더라도 지구 환경과 미래를 생각하는 착한 소비 생활을 해야 할 때다. 아무리 값비싸고 좋은 물건이라도 사용하지 않으면 그저 쓰레기일 뿐이므로 필요 없는 물건은 사지 않거나, 정말 필요하다면 충분히 따져서 양질의 제품을 구입해 오래도록 사용하는 것이 현명하다.

① 환경을 위해서는 비싼 물건을 사면 안 된다.
② 우리 생활이 편리해질수록 지구는 병들어간다.
③ 조금 비싸더라도 나에게 이득이 되면 착한 소비이다.
④ 비싼 물건을 사서 오래 사용하는 것이 현명한 소비이다.

33

　　음식물 쓰레기에 대한 스트레스를 줄일 수 있는 가장 쉬운 방법은 꼭 필요한 것만 구입해서 음식물 쓰레기를 줄이는 것이다. 이를 위해서는 냉장고에 무슨 식품과 재료가 들어 있는지 구역별로 적어 놓고 냉장고에 붙여놓는 습관을 들여야 한다. 냉장고를 정기적으로 청소하고 정리하여 쓸데없이 구석에 처박혀 있거나 장기간 보관되는 음식물을 줄이는 것도 중요하다.

① 꼭 필요한 것만 구입하면 음식물 쓰레기를 쉽게 줄일 수 있다.
② 냉장고에 무슨 식품이 있는지 적어 놓으면 냉장고 정리가 잘 된다.
③ 냉장고에 음식물을 장기간 보관하면 음식물 쓰레기를 줄일 수 있다.
④ 필요한 음식물만 사려면 장보기 전에 메모하는 습관을 들여야 한다.

34

　　꽁꽁 얼어붙은 한겨울, 얼음낚시의 묘미를 맛보려는 낚시꾼들이 호수와 강으로 몰려든다. 북극의 찬 공기가 한반도 상공까지 넘어오며 살을 에는 영하의 날씨가 이어지고 있지만 완전무장한 낚시꾼들은 끝없이 얼음구멍을 찾는다. 아장아장 막 걸음마를 뗀 아이부터 팔순을 넘긴 어르신까지 얼음낚시에 푹 빠져든다. 강원도와 경기 중·부지역의 호수와 강에는 주말마다 하루 수백 명, 많게는 15만 명까지 인파가 북적인다.

① 추운 겨울에는 얼어붙은 호수와 강에서만 낚시를 한다.
② 얇은 옷을 입은 낚시꾼들은 낚시에 정신이 팔려 추위도 느끼지 못 한다.
③ 얼음낚시는 나이든 사람들만 좋아할 뿐 어린 아이들은 좋아하지 않는다.
④ 얼음낚시를 즐기기 위해 주말마다 많은 사람들이 호수와 강으로 몰려든다.

※ [35~38] 다음 글의 주제로 가장 알맞은 것을 고르십시오. (각 2점)

35

음식 알레르기를 경험한 사람이 한국 인구의 25%나 된다. 음식 알레르기는 가벼운 부작용만 일으키고 넘어갈 수도 있지만 심하면 목숨을 잃게 할 만큼 위험하다. 따라서 알레르기를 앓는 사람들은 식당뿐 아니라 마트에서 반찬을 고를 때도 신중에 신중을 기한다. 2003년부터 포장 가공식품에 알레르기 유발 성분을 표시하도록 했지만 일반 음식점에서 조리해서 파는 음식은 성분 표시 의무대상에서 제외돼 있어 알레르기 환자들은 외식이 걱정스럽다.

① 음식 알레르기를 경험한 사람이 점점 늘어나고 있다.
② 음식 알레르기는 생명에 지장을 줄 만큼 위험한 질병이다.
③ 안심하고 먹을 수 있도록 모든 음식에 성분 표시가 필요하다.
④ 알레르기 유발 성분을 표시해도 알레르기를 방지하는 데 효과가 없다.

36

최근 부모들 사이에서 유아용 전동차가 인기를 끌면서 튜닝족이 늘고 있는 추세이며 온라인 동호인만 해도 만 명에 달한다. 이들은 전동차의 외관을 꾸미고 성능을 조작하기도 하는데, 유아용 제품이니 튜닝해 봐야 얼마나 바뀌겠나 싶지만 튜닝을 어떻게 하느냐에 따라 안전 기준인 시속 8km를 넘는 것은 기본이고, 최고 시속이 30km까지 올라갈 수 있다. 하지만 전동차 튜닝을 자칫 잘못했다가 누전이 돼 화재가 날 수도 있고 빠른 속도로 달리다가 사고가 날 수도 있다.

① 부모들 사이에서 유아용 전동차가 인기를 끌고 있다.
② 유아용 전동차를 튜닝하는 동호인들이 늘어나고 있다.
③ 아이를 위해서는 전동차를 튜닝해 주는 것이 바람직하다.
④ 전동차 튜닝을 잘못했다가는 아이의 안전을 위협할 수도 있다.

37

이상적인 꿈의 세상을 유토피아라고 하고, 그 반대를 디스토피아라고 한다. 디스토피아는 현대사회 속에 있는 위험한 경향을 과장해서 들여다봄으로써, 현대인이 무의식적으로 받아들이고 있는 위험을 명확히 지적하는 개념이다. 예를 들어서 자동차가 편리하기 때문에 누구나 다 자동차를 이용하다 보니 미래 세계에서는 사람들이 걷는 법을 잊어버려 건강도 해치고 끔찍한 교통체증에 시달린다는 식이다. 미래를 판단하려면 유토피아의 관점과 디스토피아의 관점 모두를 생각해야 한다.

① 꿈의 세상은 유토피아와 디스토피아로 나뉜다.
② 미래사회에는 걸어다니는 사람이 없을 것이다.
③ 미래사회를 알기 위해서는 위험한 경향을 간과해서는 안 된다.
④ 미래를 판단하려면 유토피아와 디스토피아 양쪽을 고려해야 한다.

38

기계에 의존하지 말고 사람과 직접 만나서 소통하자는 것이 바로 언플러그드 운동이다. 인터넷과 이동통신의 보급은 사람들의 생활을 아주 편리하게 만들어 줬다. 하지만 편리해졌다고 해서 생활이 더 여유로워지는 것은 아니다. 오히려 사람들은 예전보다 더 바쁘고 더 고독해지고 있다. 언제나 컴퓨터를 통해 많은 정보를 얻고 있지만 책 한 권, 영화 한 편 보기가 힘들고, 늘 손에 전화기를 들고 있지만 막상 외로울 때 대화 나눌 상대가 없다. 문명의 편리함을 아예 외면할 수는 없지만 가끔은 이메일보다는 편지를 쓰고, 전화로 연락하기보다는 직접 찾아가서 함께 얼굴을 맞대고 이야기하던 것이 그립다.

① 문명의 편리함을 아예 외면하고 살아야 한다.
② 기계의 발달로 사람들의 생활은 아주 편리해졌다.
③ 인터넷과 이동통신의 보급은 사람을 더 바쁘게 만들었다.
④ 기계에 의존하지 말고 사람과 직접 만나서 소통해야 한다.

※ [39~41] 다음 글에서 <보기>의 문장이 들어가기에 가장 알맞은 곳을 고르십시오.
(각 2점)

39

동일한 상품에 대해 소비자가 높은 가격을 기꺼이 지불하려는 현상을 과시적 소비 또는 베블런 효과라고 한다. (㉠) 베블런 효과는 일반적으로 사치품 시장에 존재한다. (㉡) 이러한 소비현상은 자신이 일반 사람들과는 신분이 다르다는 점을 과시하려는 부유한 계층이나 이를 모방하려는 유사 부유층 또는 신흥 부유층에서 주도한다. (㉢) 왜냐하면 과시적 소비자는 자신이 다른 사람보다 높은 신분의 사람이라는 점을 과시해야 하므로 남들이 소비하지 않는 고가의 사치품을 소비하고자 하기 때문이다. (㉣)

───── <보 기> ─────

과시적 소비자는 싼 가격의 상품은 기피하고 오히려 고가의 상품을 선호한다.

① ㉠ 　　　　② ㉡ 　　　　③ ㉢ 　　　　④ ㉣

40

여름 감기는 개도 안 걸린다는 옛말이 있다. (㉠) 하지만 에어컨 성능이 탁월한 시대에 살고 있는 우리에게는 다소 먼 나라 이야기다. (㉡) 냉방된 실내와 실외의 온도 차가 5℃를 넘으면 우리 몸이 그 차이에 적응하지 못해 가벼운 감기, 몸살, 권태감 같은 증상이 나타날 수 있는데 이는 냉방병 위험 신호로 봐야 한다. (㉢) 남성보다 노출이 많은 옷을 입는 여성이 냉방병에 더 취약한 편인데 이럴 땐 노출 있는 옷을 피하거나 얇은 카디건을 입는 것만으로도 크게 도움이 된다. (㉣)

───── <보 기> ─────

게다가 에어컨이 지속적으로 가동되는 실내에서는 긴소매 셔츠 차림이 더 멋스러워 보이기도 한다.

① ㉠ 　　　　② ㉡ 　　　　③ ㉢ 　　　　④ ㉣

우리나라는 사계절이 뚜렷하다는 축복받은 기후를 가지고 있다. (㉠) 봄에는 황사가 불어와 입이며 코, 목 같은 호흡기와 눈과 피부를 괴롭혀대고, 여름에는 습기로 인해 곰팡이와 냄새, 그리고 세균과 한판 승부를 벌여야 한다. (㉡) 시원한 가을은 비교적 걱정거리가 덜하지만, 겨울철이 되면 추워서 창문과 베란다 문을 꼭꼭 닫고 보일러를 틀어 놓기 때문에 건조하기도 하고 실내오염도 만만치 않게 발생한다. (㉢) 그래서 자주 찾는 것이 바로 계절용품이다. 다행히 우리 주변에는 다양한 계절용품이 준비되어 있기 때문에 각 계절별 애로사항을 충분히 해결할 수 있다. (㉣)

—————— <보   기> ——————

그렇지만 서로 다른 계절을 각기 다른 방법으로 대비해야 한다는 점은 번거롭기 짝이 없다.

① ㉠   ② ㉡   ③ ㉢   ④ ㉣

※ [42~43] 다음을 읽고 물음에 답하시오. (각 2점)

토요일이었다. 개울가에 이르니, 며칠째 보이지 않던 소녀가 건너편 가에 앉아 물장난을 하고 있었다. 모르는 척 징검다리를 건너기 시작했다. 얼마 전에 소녀 앞에서 한번 실수를 했을 뿐 여태 큰길 가듯이 건너던 징검다리를 오늘은 조심스럽게 건넌다.

"애."

못들은 척했다. 둑 위로 올라섰다.

"애, 이게 무슨 조개지?"

자기도 모르게 돌아섰다. 소녀의 맑고 검은 눈과 마주쳤다. 얼른 소녀의 손바닥으로 눈을 떨구었다.

"비단조개."

"이름도 참 곱다."

갈림길에 왔다. 여기서 소녀는 아래 켠으로 한 삼 마장쯤, 소년은 위 켠으로 한 십 리 가까이 길을 가야한다.

소녀가 걸음을 멈추며, "너 저 산 너머에 가본 일 있니?" 벌 끝을 가리켰다.

"없다."

"우리 가보지 않으련? 시골 오니까 혼자서 심심해 못 견디겠다."

"저래 뵈두 멀다."

"멀면 얼마나 멀기에? 서울 있을 땐 사뭇 먼 데까지 소풍갔었다."

소녀의 눈이 금세 '바보, 바보' 할 것만 같았다. 논 샛길로 들어섰다. 벼 가을걷이하는 곁을 지났다. 허수아비가 서 있었다. 소년이 새끼줄을 흔들었다. 참새가 몇 마리 날아간다. '참 오늘은 일찍 집으로 돌아가 텃논의 참새를 봐야 할 걸' 하는 생각이 든다.

42 밑줄 친 부분에 나타난 소녀의 말투로 알맞은 것을 고르십시오.

① 불안하다   ② 간절하다

③ 흐뭇하다   ④ 거만하다

43 이 글의 내용과 같은 것을 고르십시오.

① 소녀는 산 너머로 소풍을 간 적이 있다.

② 소년은 소녀가 한 이야기를 듣지 못했다.

③ 소녀는 혼자 있는 시골 생활이 재미가 없다.

④ 소년은 소녀 앞에만 서면 자꾸 실수를 한다.

※ [44~45] 다음을 읽고 물음에 답하십시오. (각 2점)

기생충은 우리 몸속에 들어와 살며 음식의 영양분을 몰래 가져가는 매우 작은 생물이다. 이런 기생충은 우리 몸이 써야 할 영양분을 빼앗아 가기 때문에 (   ) 여러 가지 질병을 일으키기도 한다. 오래 전, 사람의 대변을 농작물의 거름으로 주던 시대에는 몸에 기생충이 있는 사람이 많았지만 농약을 사용하고 생활환경이 현대화되면서 기생충은 거의 사라졌다. 하지만 최근 들어 유기농 채소를 선호하는 사람들이 증가하고 애완동물을 기르는 가정이 많아지면서 다시 기생충 감염이 늘어나고 있다.

44 이 글의 주제로 알맞은 것을 고르십시오.

① 기생충은 여러 가지 질병을 일으키는 작은 생물이다.

② 생활환경이 좋아지면서 기생충은 점점 사라지고 있다.

③ 생활환경에 따라 기생충이 사라지기도 하고 다시 등장하기도 한다.

④ 기생충은 우리 몸이 써야 할 영양분을 빼앗아 가는 해로운 생물이다.

45 ( )에 들어갈 내용으로 가장 가장 알맞은 것을 고르십시오.

① 성장에 도움을 주며　　　　　　② 건강에 좋은 영향을 미치며

③ 농작물의 성장에 도움을 주며　　④ 성장이나 건강에 나쁜 영향을 끼치며

※ [46~47] 다음을 읽고 물음에 답하십시오. (각 2점)

　　트램펄린은 탄력이 있는 크고 팽팽한 천을 틀에 고정시킨 것으로 스프링이 좋은 매트리스처럼 큰 탄력을 갖고 있다. 서커스에서 곡예사가 트램펄린 위에서 천을 차고 튀어오르면 천이 내려갔다가 그 반동으로 다시 제자리로 가려 하기 때문에 상하운동이 시작된다. (㉠) 이 경우 곡예사가 천을 한 번만 차고 밖으로 튀어나갔다면, 즉 천이 한 번만 눌리고 말았다면 자연적으로 천의 진동은 점점 줄어들어 얼마 안 가서 멎어 버릴 것이다. 그리고 그 진동이 멈추기 전까지 천은 언제나 일정한 비율로 진동한다. (㉡) 이러한 규칙적인 진동의 비율은 트램펄린의 크기와 모양 및 천의 재료, 또는 어떻게 천을 쳤는가에 따라 달라진다. (㉢) 이 진동을 그 트램펄린의 자연 진동이라고 부른다. (㉣) 이와 같은 자연 진동과 강제 진동이 조화를 이룸으로써 진동이 점점 커지는 것을 공진이라고 한다. 트램펄린은 이 공진 현상을 효과적으로 이용한 운동 기구다.

46 다음 문장이 들어가기에 가장 알맞은 곳을 고르십시오.

　　반면에 곡예사가 트램펄린 위에 탄 채 되풀이해서 천을 찬다면 천은 그대로 계속 상하 운동을 하는데 이를 강제 진동이라고 부른다.

① ㉠　　　　　② ㉡　　　　　③ ㉢　　　　　④ ㉣

47 이 글의 내용과 같은 것을 고르십시오.

① 트램펄린은 강제 운동을 통해서만 멈춘다.

② 트램펄린은 가만히 있어도 멈추지 않고 진동을 한다.

③ 트램펄린은 공진 현상을 이용한 대표적인 운동 기구다.

④ 트램펄린은 상하운동과 좌우운동을 할 수 있는 운동이다.

※ [48~50] 다음을 읽고 물음에 답하십시오. (각 2점)

수천 년의 세월이 흐르는 동안 인류의 수많은 유적이 먼지가 되어 사라졌다. 한 나라의 힘만으로 문화재와 유적을 (　　　　　　) 모른다. 이에 1950년대에 국제 사회가 나서서 이집트 누비아 지역의 유적과 역사 유물을 성공적으로 보호한 사례는 문화 유적 보호 운동의 새 장을 연 계기가 되었다. 1972년 11월 제17회 유네스코 총회에서 세계의 문화유산 및 자연유산의 보호에 관한 협약, 즉 세계유산협약이 체결됨으로써 세계의 문화, 자연유산에 대한 명확한 정의가 내려졌다. 세계유산의 개념 역시 이때 탄생한 것으로 볼 수 있다. 세계유산협약은 전 세계적으로 영향력을 미치는 국제 규범의 성격을 띠며 특별한 의의와 뛰어난 가치가 있는 역사 유적과 자연 경관을 지정하여 국제사회 전체가 이를 적극적으로 보호하도록 하는 역할을 담당한다.

48 필자가 이 글을 쓴 목적을 고르십시오.
① 문화 유적 보호 운동의 개념을 소개하기 위해
② 문화 유적 보호 운동의 필요성을 강조하기 위해
③ 문화 유적 보호 운동이 시작된 배경을 밝히기 위해
④ 문화 유적 보호 운동을 해야 하는 이유를 설명하기 위해

49 (　　　) 에 들어갈 내용으로 알맞은 것을 고르십시오.
① 보존하기란 불가능한 일인지노
② 보존하는 것이 당연한 일일지도
③ 지키기란 그리 어려운 일이 아닐지도
④ 지키는 것이 그리 복잡한 일이 아닐지도

50 밑줄 친 부분에 나타난 필자의 태도로 알맞은 것을 고르십시오.
① 국제사회의 도움을 받은 나라들을 동정하고 있다.
② 적극적으로 나서지 않은 국제사회에 대해 비판하고 있다.
③ 혼자 힘으로 문화재를 보호하지 못한 정부를 걱정하고 있다.
④ 국제사회가 나서서 문화 유적을 보호한 것에 대해 우호적이다.

模拟试题2

请扫描封面二维码，获取电子书、题库、单词学习本等资源。

※ [1~2] ( ) 에 들어갈 가장 알맞은 것을 고르십시오. (각 2점)

1   돈이 ( ) 다른 것을 사는 게 어때요?
　　① 남다가도　　② 부족할 텐데　　③ 충분할 정도로　　④ 넉넉하지 않게

2   혼자 사는 것이 ( ) 지금은 많이 익숙해져서 살 만하다.
　　① 힘들수록　　② 힘든 만큼　　③ 힘들긴 한데　　④ 힘들었더라면

※ [3~4] 다음 밑줄 친 부분과 의미가 비슷한 것을 고르십시오. (각 2점)

3   퇴근하는 길에 세탁소에 가서 옷을 찾아 왔다.
　　① 퇴근하게　　② 퇴근하면　　③ 퇴근하길래　　④ 퇴근하다가

4   연예인들의 언행은 청소년에게 큰 영향을 주기 마련이다.
　　① 끼치게 돼 있다　　　　　　② 얻는다고 느꼈다
　　③ 미치는 줄 몰랐다　　　　　④ 받을 수밖에 없다

※ [5~8] 다음은 무엇에 대한 글인지 고르십시오. (각 2점)

5

하늘에 닿을 듯한 곳에서 단 2초 만의 낙하 체험을 느껴 보세요!

　　① 시소　　　　② 철봉　　　　③ 비행기　　　　④ 놀이기구

6

올 겨울, 얼어붙은 몸과 마음을 녹인다.
환상적인 음악과 진한 감동 이야기
5월 30일 개봉일에는 배우들과 만남의 자리도 준비되어 있습니다.

　　① 책　　　　② 영화　　　　③ 뮤지컬　　　　④ 콘서트

7

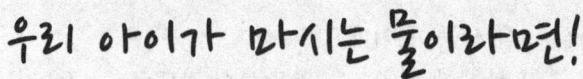

우리 아이가 마시는 물이라면!

아이의 건강, 가족의 건강은 '웨이'가 지켜드립니다.

— 날씬한 디자인
— 스스로 알아서 일주일에 한 번씩 자동 살균
— 온수, 냉수와 얼음까지!

① 가습기　　　② 세탁기　　　③ 정수기　　　④ 청소기

8

더불어 살아가는 아름다운 마음
나의 여유를, 나의 힘을 조금 나누면 큰 집이 생깁니다.
희망의 힘을 모아 주세요.

① 결혼　　　② 봉사　　　③ 수리　　　④ 아파트

※ [9~12] 다음 글 또는 도표의 내용과 같은 것을 고르십시오. (각 2점)

9

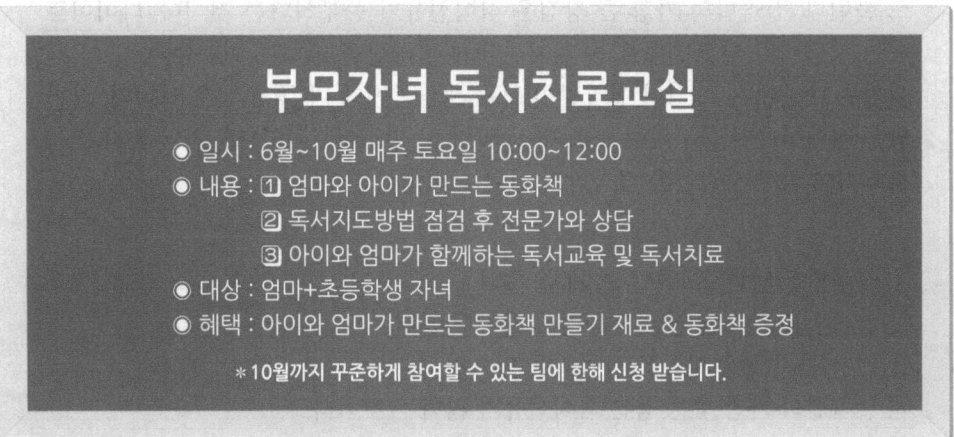

부모자녀 독서치료교실

◎ 일시 : 6월~10월 매주 토요일 10:00~12:00
◎ 내용 : ① 엄마와 아이가 만드는 동화책
　　　　 ② 독서지도방법 점검 후 전문가와 상담
　　　　 ③ 아이와 엄마가 함께하는 독서교육 및 독서치료
◎ 대상 : 엄마+초등학생 자녀
◎ 혜택 : 아이와 엄마가 만드는 동화책 만들기 재료 & 동화책 증정

＊10월까지 꾸준하게 참여할 수 있는 팀에 한해 신청 받습니다.

① 수업은 한 달에 한 번, 두 시간씩 진행된다.
② 아버지와 아들이 함께 수업에 참여할 수 있다.
③ 6월부터 10월 중 1개월만 수업을 들어도 된다.
④ 수업을 들으면 동화책을 선물로 받을 수 있다.

10

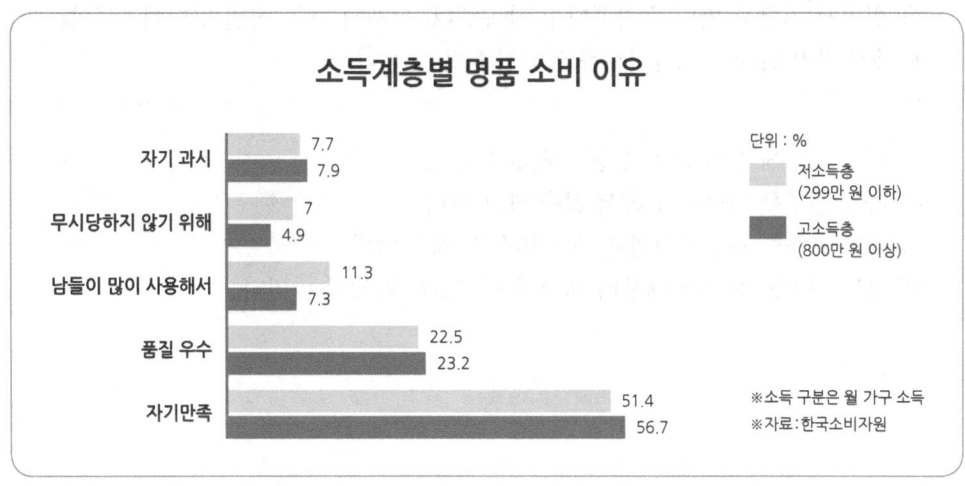

소득계층별 명품 소비 이유

단위 : %

자기 과시　7.7 / 7.9
무시당하지 않기 위해　7 / 4.9
남들이 많이 사용해서　11.3 / 7.3
품질 우수　22.5 / 23.2
자기만족　51.4 / 56.7

저소득층 (299만 원 이하)
고소득층 (800만 원 이상)

※소득 구분은 월 가구 소득
※자료 : 한국소비자원

① 저소득층과 고소득층 모두 명품을 소비하는 사람들이 증가하고 있다.
② 고소득층이 명품을 사는 가장 큰 이유는 자기 과시를 하기 위해서이다.
③ 고소득층은 남들에게 무시당하지 않기 위해 명품을 사는 사람들이 많다.
④ 소득과 상관없이 자기만족을 위해서 명품을 구매하는 사람들이 가장 많다.

11

잡곡밥에는 식이섬유, 비타민, 단백질 등 영양소가 풍부해서 종합 영양제라고도 불린다. 잡곡밥의 가장 큰 장점은 식이섬유가 풍부하다는 것이다. 다이어트 중인 사람이나 당뇨병을 앓는 환자들에게 잡곡밥을 권하는 이유는 바로 이 식이섬유 때문이다. 그러나 잡곡밥이 모든 사람들에게 다 좋은 것은 아니다. 잡곡밥은 식이섬유가 풍부하여 소화가 잘 되지 않기에 어린이, 노인, 위염 환자 또는 소화력이 약한 사람들은 잡곡밥의 섭취를 피해야 한다.

① 잡곡밥은 남녀노소 모두에게 다 좋다.
② 잡곡밥을 먹으면 영양제를 먹지 않아도 된다.
③ 위가 좋지 않은 사람은 잡곡밥을 먹으면 좋다.
④ 잡곡밥의 가장 좋은 점은 식이섬유가 많다는 것이다.

12

나에게는 유치원 때부터 만난 단짝친구가 있다. 그 친구와는 초등학교, 중학교를 거쳐 고등학교까지 같은 학교에 다니면서 사이가 더욱 돈독해졌다. 그러나 고등학교를 졸업한 후 친구가 이민을 가게 되면서 우리는 만날 수가 없었다. 이민 가기 전, 친구는 나에게 비행기 표를 선물로 주겠다고 약속했고 나는 꼭 돈을 벌어서 친구를 만나러 가겠다고 약속했다. 그래서 나는 이번 방학에 친구를 만나러 가기 위해 아르바이트를 열심히 하는 중이다.

① 친구는 나에게 비행기 표를 선물로 주었다.
② 나는 친구를 만나기 위해서 일을 하고 있다.
③ 나는 고등학교를 졸업한 후에 이민을 가게 되었다.
④ 나와 친구는 유치원 때부터 대학교까지 같은 학교를 다녔다.

※ [13~15] 다음을 순서대로 맞게 배열한 것을 고르십시오. (각 2점)

13

(가) 정부가 노동자들이 받는 임금의 최저 금액을 정해 지키도록 강제하는 것을 최저임금제라고 한다.
(나) 따라서 경기가 어려울 때는 고용 감소의 우려가 있기 때문에 최저임금제가 좋은 것만은 아니다.
(다) 만약 최저임금이 올라 부담감이 커진 사업자들이 직원수를 줄일 경우 노동자들은 일자리를 잃을 수도 있다.
(라) 이 제도에는 여러 가지 장점이 있지만 좋은 면만 있는 것은 아니다.

① (가)-(다)-(라)-(나)   ② (다)-(나)-(가)-(라)
③ (가)-(라)-(다)-(나)   ④ (다)-(나)-(라)-(가)

14

(가) 이를 자기방어기제라고 한다.
(나) 부정은 자신이 감당하기 어려운 현실을 아예 부정해 버리는 현상이다.
(다) 방어기제는 심리적 위험 상황에서 거의 자동적으로 작동하는데 부정이나 자기합리화, 퇴행 등으로 나타난다.
(라) 사람은 심한 스트레스를 받게 되면, 감정적 상처로부터 자신의 내면을 보호하기 위해 무의식적으로 스스로를 속이거나 현실을 엉뚱하게 해석하는 경우가 있다.

① (나)-(라)-(가)-(다)   ② (라)-(다)-(나)-(가)
③ (나)-(가)-(다)-(라)   ④ (라)-(가)-(다)-(나)

15

(가) 하이브리드란 원래 식물을 재배할 때 서로 다른 종자를 교배시켜 얻은 새로운 종자를 가리키는 말이다.

(나) 식물에 한해서가 아니라 서로 다른 두 개 이상의 것이 결합해서 새롭고 더 뛰어난 것을 만드는 경우를 가리킨다.

(다) 하지만 요즘은 더 넓은 의미로 쓰인다.

(라) 예를 들면 석유를 연료로 쓰는 일반 자동차와 전기차의 장점을 살린 하이브리드 자동차가 대표적이다.

① (가)-(라)-(나)-(다)   ② (나)-(라)-(다)-(가)
③ (가)-(다)-(나)-(라)   ④ (나)-(다)-(라)-(가)

※ [16~18] 다음을 읽고 (　　) 에 들어갈 내용으로 가장 알맞은 것을 고르십시오.
(각 2점)

16

　엘리트 체육이란 뛰어난 실력을 보이는 선수들만 따로 모아 집중 육성하는 것을 말하며 일반 국민들의 체육 활동보다는 실력 있는 몇몇의 운동선수들을 키워 내는 데 힘쓰는 제도를 말한다. 반면 전 국민이 체육을 통해 건강한 생활을 누리도록 하는 것에 무게를 두는 것이 생활 체육이다. 즉 엘리트 체육은 운동을 생계로 생각하고 전문적으로 운동선수를 키우는 것이고, 생활 체육은 국민들이 (　　　　　　　) 운동을 하는 것이다. 따라서 국민 대다수의 건강한 삶을 위해서는 생활 체육을 진흥시켜야 한다.

① 취미와 여가 활동의 수준으로
② 전문적인 운동선수와 같은 수준으로
③ 실력 있는 운동선수와 비슷한 수준으로
④ 운동으로 생계를 꾸려나갈 정도의 수준으로

17

> 흑백논리에 따르면 모든 일은 딱 두 가지로 나뉜다. 쉽게 말해 모든 대상을 선과 악, 옳고 그름, 아군과 적군 등으로 나누는 것이다. 하지만 세상 일이 이렇게 (   ) 것은 아니다. 그래서 흑백논리로만 생각한다면 잘못 판단하거나 실수할 가능성이 크다. 이를 해결하기 위해서는 뭐든지 둘로 나눠 둘 중 하나로만 결정하는 사고방식을 버리고 새로운 방법을 찾을 수 있어야 한다.

① 복잡하게 두 가지를 포함하는
② 간단하게 두 가지로 제외되는
③ 명확하게 두 가지로 합쳐지는
④ 정확하게 두 가지로 구분되는

18

> 과학과 인문학은 서로 밀접하게 연관되어 있다. 특히 언어학은 객관적이고 과학적인 방법을 바탕으로 연구하기 때문에 과학과 밀접한 학문 분야라고 할 수 있다. 최근에는 인간의 음성을 컴퓨터가 듣고 이해하여 (   )을 자주 볼 수 있다. 예를 들면 운전자의 음성만 듣고 길을 안내하는 음성 인식 내비게이션이나 버튼이 필요 없는 음성 인식 엘리베이터, 음성을 듣고 번역해 주는 스마트폰 어플 등이 있다.

① 과정에 따라 빠르게 대조하여 결과를 알리는 것
② 결과에 따라 적당히 판단하여 대화를 나누는 것
③ 상황에 따라 적절하게 대응하여 대화를 나누는 것
④ 환경에 따라 여유 있게 비교하여 결과를 알리는 것

　　옴니버스는 영화나 연극 등에서 같은 주제를 가진 독립된 이야기들을 모아 하나의 작품으로 만드는 것이다. 영화나 연극에서 사용되는 옴니버스는 모여 있는 작품들의 이야기나 요소가 독립적이어야 하고 같은 주제 아래에 하나의 작품으로 묶여 있어야 한다. 다시 말해, 각 이야기마다 전혀 다른 주인공의 전혀 다른 이야기를 풀어 놓는다. (　　　) 소설에서 자주 사용하는 피카레스크는 옴니버스 형식과 비슷한데 각 이야기의 주인공이 동일인물이거나 서로 긴밀하게 연관된 사람이고 주로 1인칭 시점에서 전개된다는 것이 다르다. 이처럼 옴니버스와 피카레스크는 차이점도 있지만 둘 다 여러 개의 다른 이야기를 통해 같은 주제를 이야기한다는 점은 같다.

19 (　　　) 에 들어갈 알맞은 것을 고르십시오.
　　① 과연　　　　　　② 마치　　　　　　③ 반면　　　　　　④ 비록

20 이 글의 내용과 같은 것을 고르십시오.
　　① 피카레스크는 하나의 이야기에 하나의 주제가 담겨 있다.
　　② 옴니버스는 다른 이야기로 구성되지만 주인공과 주제는 모두 같다.
　　③ 피카레스크는 옴니버스와 형식이 비슷한데 주로 소설에서 사용된다.
　　④ 피카레스크와 옴니버스는 다른 이야기를 통해 다양한 주제를 말한다.

※ [21~22] 다음을 읽고 물음에 답하십시오. (각 2점)

　　퇴직 연령이 빨라지면서 퇴직 후 창업이 늘었다고 한다. 하지만 이러한 퇴직 후 창업이 개인에게나 사회에 경제적인 이득을 줄 수 있을까? 퇴직 후 하는 창업은 실업형 창업인 경우가 많다. 실업형 창업을 하는 사람들은 퇴직 후 생계를 유지하기 위해서, 또는 취업의 대체 수단으로 창업을 한다. 이것은 단지 (　　　　　　　) 위해 어쩔 수 없이 하는 것이다. 생계가 우선이다 보니 기업화가 쉽지 않고 이는 곧 경쟁력 약화로 이어져 오래가지 못해 문을 닫게 된다.

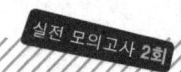

21 (   )에 들어갈 알맞은 것을 고르십시오.
　① 입에 대기
　② 입을 모으기
　③ 입에 풀칠하기
　④ 입이 귀에 걸리기

22 이 글의 중심 생각을 고르십시오.
　① 실업형 창업은 아예 시작도 하지 않는 것이 좋다.
　② 창업의 증가율이 높아졌다고 해서 좋은 것만은 아니다.
　③ 실업형 창업이 늘어나면서 경제 발전에 도움이 되고 있다.
　④ 퇴직 연령이 빨라지면서 창업에 관심을 가지는 사람이 늘어났다.

※ [23~24] 다음을 읽고 물음에 답하십시오. (각 2점)

　　3년 동안 다니던 회사를 그만두고 유학을 결심한 나는 유학을 가기 전에 회사 동료와 함께 여행을 가기로 약속했다. 나는 바쁜 동료를 대신해 비행기 표를 구입하는 것을 비롯하여 모든 여행 준비를 기쁜 마음으로 하였다. 그런데 여행 전날, 동료에게서 전화가 왔다. "어떻게 하지. 회사에 문제가 생겨서 여행을 갈 수가 없게 됐어. 정말 미안해." 나는 그만 맥이 빠지고 말았지만 회사에서는 자주 있는 일이었기 때문에 이해할 수밖에 없었다. 하지만 속상한 마음에 친한 친구에게 전화를 걸어 하소연을 하였다. 내 이야기가 끝나자 친구는 "그럼 나와 같이 갈까?"라고 말해주었다. 함께 여행하는 이가 달라졌을 뿐 나는 예정대로 계획했던 여행을 할 수 있게 되었다. 그 여행은 지금까지 나에게 가장 좋은 추억을 남겨준 여행이 되었다.

23 밑줄 친 부분에 나타난 글쓴이의 기분으로 알맞은 것을 고르십시오.
　① 동료에게 화가 났지만 참았다.
　② 기운이 빠져 동료를 원망하였다.
　③ 힘이 빠졌지만 동료를 이해하였다.
　④ 약속을 지키지 않은 동료가 실망스러웠다.

24 이 글의 내용과 같은 것을 고르십시오.
　① 나와 동료는 여행 준비를 함께 하였다.
　② 나는 결국 계획했던 여행을 가게 되었다.
　③ 나는 여행을 가기 위해서 회사를 그만두었다.
　④ 나는 친구와 함께 갔던 여행이 별로 만족스럽지 않았다.

※ [25~27] 다음은 신문 기사의 제목입니다. 가장 잘 설명한 것을 고르십시오. (각 2점)

25

포근한 날씨 … 전국 유명 산·스키장 '북적북적'

① 한풀 꺾인 추위에 전국의 유명 산과 스키장은 나들이 나선 행락객들로 혼잡했다.
② 따뜻해진 날씨로 인해 전국의 유명 산과 스키장에는 나들이 온 사람들이 많지 않았다.
③ 추운 날씨에도 불구하고 전국의 유명 산과 스키장에는 나들이 나선 행락객들이 많았다.
④ 추운 날씨 탓에 전국의 유명 산과 스키장에는 나들이 나선 이들로 발 디딜 틈이 없었다.

26

불황에 기업들 줄줄이 파산, 은행들도 휘청

① 불경기로 인해 기업들이 연달아 쓰러지고 은행들도 곤경에 처했다.
② 경기가 좋아져 창업하려는 기업들이 줄을 잇다 보니 은행들도 정신이 없다.
③ 경기가 나빠졌는데도 성장하는 기업들이 많아져 은행들도 활기를 띠고 있다.
④ 경기가 침체되어 기업들이 연이어 쓰러지고 있는 가운데 은행들만 살아남았다.

27

잦은 비, 무더위로 식자재 가격 큰 폭 상승

① 가뭄과 폭염으로 인해 식자재 값이 전보다 많이 상승했다.
② 비가 자주 오고 더운 날씨로 식자재 값이 전보다 많이 비싸졌다.
③ 비는 적게 내렸으나 더운 날씨로 인해 식자재 값이 크게 올랐다.
④ 기온이 많이 올랐지만 비가 오지 않아서 식자재 값이 전보다 많이 떨어졌다.

※ [28~31] 다음을 읽고 (   ) 에 들어갈 내용으로 가장 알맞은 것을 고르십시오.
(각 2점)

28

유럽에 있는 수많은 문화유산 가운데 관련된 의문이나 학설이 가장 많은 유적지인 스톤헨지는 세계적으로 (   ) 선사 시대의 거석 문화를 엿볼 수 있는 곳이다. 다른 곳에서 찾아볼 수 없는 신비로운 모습 때문에 스톤헨지에 대한 많은 추측과 학설이 있다. 스톤헨지를 외계인이 만들었다는 주장까지 있을 정도이다.

① 보기 드문 독특한
② 한 눈에 알아보기 쉬운
③ 다양한 색을 이용해 화려하게 꾸며진
④ 곳곳마다 쉽게 찾아볼 수 있는 아주 흔한

29

자유학기제의 시범 시행을 앞두고 (   ). 우선 자유학기제를 통해 학생들이 시험 걱정에서 벗어나 자신의 흥미와 적성에 맞게 일찍부터 진로를 준비할 수 있을 것이라는 긍정적인 의견이 있다. 반면 아직 제대로 된 체험 학습이나 실습 시스템이 구축되지 않은 시점에서 자유학기제를 시행하면 학력이 떨어질 수 있고 이로 인해 사교육이 더 기승을 부릴 것이라는 우려도 있다.

① 의견이 일치하고 있다   ② 의견이 엇갈리고 있다
③ 의견이 헷갈리고 있다   ④ 의견을 반영하고 있다

30

대구라는 도시를 생각하면 흔히 섬유산업이나 찜통더위를 떠올린다. 그러나 대구에 즐비해 있는 커피전문점을 본다면 놀라는 사람들이 많을 것이다. 대구는 전국에서 커피전문점 수가 인구 수에 대비하여 가장 많은 도시이고, 매년 커피 관련 국제 박람회가 열릴 정도로 커피 산업이 발달되어 있다. 이곳에는 유명 프랜차이즈 커피숍의 전세계적인 열풍에도 흔들리지 않고 (   ) 개성 있는 커피전문점들이 있다.

① 도중에 포기하는　　　　　　　② 씩씩하게 되돌아가는

③ 꿋꿋하게 제 길을 가는　　　　④ 의젓하게 다른 길을 가는

31

나무는 그 자리에 서 있는 것만으로도 사람들에게 그늘을 제공하고 생존에 꼭 필요한 산소를 만들어 준다. 또한 우리가 사용할 수 있는 소재 중 (　　　　　　　) 오래 전부터 다양한 용도로 쓰였다. 인류는 나무로 집을 짓고 배를 만들었고, 약재나 땔감으로도 사용하는 등 수많은 분야에 나무를 활용해 왔다. 지금은 다양한 소재가 개발되어서 예전만큼 나무를 많이 사용하지는 않지만, 여전히 나무는 우리의 삶에서 유용하게 사용되며 없어서는 안 될 필수적인 요소이다.

① 구하기는 쉽지만 가공이 불편해

② 구하기도 어렵고 가공도 불편해

③ 가장 구하기 어려운 귀한 소재라

④ 가장 구하기도 쉽고 가공이 편해

※ [32~34] 다음을 읽고 내용이 같은 것을 고르십시오. (각 2점)

32

오래 잔다고 해서 체중이 주는 것은 아니지만 잠을 잘 못 자면 체중이 늘 가능성이 높아진다. 수면 부족이 체중 증가로 이어지는 이유 중 하나는 잠이 부족하면 스트레스 호르몬이 분비되기 때문이다. 이 호르몬은 배고픔을 느끼게 해서 기름진 음식을 먹고 싶게끔 만든다. 수면 시간을 4시간으로 줄이자 이틀 후 혈중에 식욕을 증가시키는 호르몬의 농도가 30% 증가한 반면 식욕을 억제하는 호르몬은 18% 감소했다는 연구 결과도 있다.

① 잠을 오래 자면 잘수록 체중이 감소한다.

② 잠을 잘 못 자면 스트레스 호르몬이 생성된다.

③ 음식을 못 먹도록 하면 기름진 음식이 더 당기게 된다.

④ 수면 시간을 줄이면 식욕을 억제하는 호르몬이 증가한다.

33

> 65세 이상 노인 인구가 6백만 명을 돌파했다. 100세 시대를 바라보며 은퇴 후에도 돈을 벌고자 하는 노인들이 많지만 받아 주는 직장이 드물다. 그러나 노인들을 적극적으로 고용하여 운영하는 회사가 있어서 눈길을 끌고 있다. 바로 택배 서비스 업체인 '지하철 택배의 고수'이다. 65세 이상 노인에게 지하철 무임 승차권이 제공된다는 점에서 아이디어를 얻은 이 업체는 노인 고용과 무임 승차권을 활용하는 방법을 통해 트럭이나 오토바이로 배송하는 업체보다 저렴한 서비스를 제공할 수 있다고 한다.

① 은퇴 이후에 노인들은 쉬고 싶어 한다.
② 65세 이상의 노인을 고용하는 회사가 많다.
③ 지하철 택배와 오토바이 택배는 가격이 비슷하다.
④ 65세 이상의 어르신들은 지하철을 공짜로 탈 수 있다.

34

> 충남 보령시에서는 아이들과 가족이 함께하는 농촌 체험 기회를 제공하고 친환경 먹거리를 직접 재배할 수 있도록 하기 위해서 시민들에게 주말농장을 분양한다고 밝혔다. 주말농장은 총 50가구에게 분양할 예정이며, 분양 금액은 연 4만 원이다. 신청 기간은 오는 27일부터 다음 달 12일까지 14일간이며 전화 또는 방문을 통해 접수한다. 분양 인원을 초과할 경우 지소득층 및 다자녀 가정에 우선 분양할 계획이다.

① 농촌에 일손이 부족하여 시민들을 대상으로 주말농장을 분양한다.
② 주말농장은 50가구만 선착순 분양할 예정이며 분양 금액은 무료이다.
③ 분양 인원이 많을 경우에는 자녀가 많은 가족이 우선권을 가질 수 있다.
④ 분양 신청은 전화 및 인터넷 접수도 가능하며 약 2주 동안 받을 예정이다.

35

> 혼자 사는 사람에게는 일반 가정에서 사용하는 큰 가구나 많은 생필품들이 필요하지 않다. 그래서 등장한 것이 '솔로 이코노미'이다. 솔로 이코노미란 '상품 및 서비스 시장에서 기업들이 1인 가구를 겨냥한 제품을 생산 및 판매하는 현상'을 뜻한다. 솔로 이코노미의 예로는 1인분만 포장된 식재료와 같이 간편하게 조리해서 먹을 수 있는 '소포장, 소용량' 식품들이나 소형 가전제품 등을 예로 들 수 있다. 집의 규모가 작아지면서 1인용 밥솥, 벽걸이 세탁기, 접이식 식탁처럼 가전제품과 가구들도 함께 작아지고 있으며 솔로 이코노미는 점점 더 각광받고 있다.

① 소형 가전제품이나 1인용 식품이 점점 감소하고 있다.
② 집의 크기가 작아지면서 혼자 사는 사람들이 늘고 있다.
③ 1인 가구들을 대상으로 한 상품들이 많은 인기를 끌고 있다.
④ 1인 가구도 일반 가정처럼 가구나 생필품들이 필요하기 마련이다.

36

> 멕시코의 수도 멕시코시티는 다른 도시들과 마찬가지로 환경오염이 심각한 곳이었다. 사람은 많은데 그에 걸맞은 정화 시설이 부족한 탓이었다. 오염된 공기로 답답했던 도시가 최근 숨통이 트이고 있는데 그 비결은 바로 도심 한가운데 4층 높이로 세워진 수직 조각의 정원 덕분이다. 이 수직정원 조성으로 온실가스 감소, 소음공해 흡수, 공기 정화 등의 효과가 나타나고 있다. 그럼으로써 이 도시에 녹색 바람이 불고 있다.

① 멕시코시티는 다른 도시처럼 환경오염이 심각하다.
② 멕시코시티는 정화 시설이 부족해 숨을 쉬기가 힘들 정도다.
③ 멕시코시티는 수직정원 조성을 통해 친환경 분위기를 확산시켰다.
④ 멕시코시티는 수직정원 덕분에 환경오염 문제에서 벗어나기 시작했다.

37

TV나 책을 보다가 불을 켠 채로 잠이 든 경험은 누구나 한 번쯤은 있을 것이다. 이렇게 불을 켜고 자면 다음 날 뭔가 개운하지 않고 피곤을 느끼기 쉽다. 밝은 곳에서 자려고 하면 잠이 잘 오지 않고 깊게 잠들기가 어려운 이유는, 우리 몸이 빛에 계속 노출되면 수면을 유도하는 호르몬의 분비가 멈추기 때문이다. 이 호르몬을 멜라토닌이라고 하는데 이것이 적당히 분비되지 않으면 잠들기까지 오랜 시간이 걸리고 깊게 잠들 수 없다. 따라서 멜라토닌이 활발하게 분비되는 오후 9시부터는 조명을 어둡게 하는 것이 좋다.

① 숙면과 조명은 아무런 관련이 없다.
② 숙면을 취하려면 일찍 잠드는 것이 좋다.
③ 숙면을 위해서는 주변을 어둡게 하는 것이 좋다.
④ 자기 전에 TV나 책을 읽는 것은 숙면에 방해가 된다.

38

인터넷을 통해 제품의 정보를 쉽고 빠르게 공유하게 되면서 '해외 직접 구매'를 선호하는 소비자들이 점차 늘어나는 추세이다. 해외 직접 구매는 멀리서 배송되는 만큼 파손의 위험이 크고 교환이나 환불이 어려우며 배송 기간이 길다는 단점이 있지만 소비자들은 이런 불편함을 무릅쓰면서도 해외 직접 구매에 나서고 있다. 그 이유는 국내에서 판매하는 가격보다 훨씬 저렴한 가격 때문이다. 같은 물건이라도 세일 기간에 잘 맞추면 해외 직접 구매를 통해 국내 가격에 비해 70%~80% 정도 저렴하게 살 수도 있다.

① 인터넷의 발달로 제품 가격에 대한 정보를 쉽게 알 수 있다.
② 저렴한 가격으로 인해 해외 직접 구매를 선호하는 사람이 증가하고 있다.
③ 세일 기간이 아니어도 국내에서보다 해외에서 구매하는 것이 합리적이다.
④ 해외 직접 구매는 배송 기간이 매우 긴 데다가 배송 중 파손의 위험도 존재한다.

※ [39~41] 다음 글에서 <보기>의 문장이 들어가기에 가장 알맞은 곳을 고르십시오.
(각 2점)

39

몸에 있는 날카로운 가시로 험한 야생에서 자신을 보호하는 동물들이 있다. 동물의 몸에 나 있는 가시는 한눈에 보기에도 위협적이어서 다른 동물이 쉽게 공격하지 못하게 한다. (㉠) 이렇게 스스로를 방어하고 다른 동물을 위협하는 역할 외에도 동물의 가시는 여러 가지 일을 한다. (㉡) 가시처럼 생긴 돌기들 사이에는 아주 작은 구멍이 나 있어서 피부에 습기가 닿으면 바로 빨아들인다. (㉢) 그리고 흡수한 습기를 가시 밑에 저장할 수 있어서 건조한 사막에서도 살아남을 수 있는 것이다. (㉣)

――――――――――― <보 기> ―――――――――――

그 예로 오스트레일리아 사막에 사는 가시도마뱀은 몸에 돋아 있는 가시로 자신을 보호할 뿐만 아니라 가시 아래에 물을 저장하기도 한다.

① ㉠　　　　　② ㉡　　　　　③ ㉢　　　　　④ ㉣

40

오늘 밤, 피아니스트 '한윤'의 라이브 공연을 방송한다. (㉠) 이후 그는 피아노에 여러 장르를 접목시키며 팝 피아니스트로 인기를 얻었고 최근에는 다양한 영역에서 활발하게 활동하고 있다. (㉡) 앨범 제작과 공연 활동 이외에도 드라마 음악에 참여하는 등 피아노로 창작 가능한 여러 분야에서 모습을 드러냈으며, 뮤지컬의 주인공을 맡아 꾸준히 노래도 하고 있다. (㉢) 한윤 씨는 이번 공연에서 직접 작사, 작곡한 곡을 연주하며 예전과는 다른 새로운 모습을 선보일 것으로 기대된다. (㉣)

――――――――――― <보 기> ―――――――――――

한윤 씨는 또래 음악인에 비해 다소 늦은 나이에 피아노를 시작해 음악 대학 작곡과에서 영화음악을 전공했다.

① ㉠　　　　　② ㉡　　　　　③ ㉢　　　　　④ ㉣

41

스토리텔링은 하나의 이야기를 짜임새 있게 연결짓고 완결성을 가지고 이끌어가는 것을 말한다. (㉠) 훌륭한 스토리텔링은 이야기를 듣는 사람의 기분을 좋게 만든다. (㉡) 나는 할머니께서 해 주시던 옛날이야기를 아직도 기억한다. (㉢) 몇 번을 들어도 지겹지 않던 그 옛날이야기를 생각해 보면 이야기 속에 뚜렷한 구조가 있다는 것을 알 수 있다. 그 구조를 틀로 삼아 어떻게 살을 붙이느냐가 스토리텔링의 성공 여부를 결정한다. (㉣)

― <보 기> ―

듣는 사람의 기분이 좋다는 것은 상대방이 하는 말의 의도와 뜻을 분명히 이해한다는 것을 의미한다.

① ㉠　　　　　② ㉡　　　　　③ ㉢　　　　　④ ㉣

※ [42~43] 다음을 읽고 물음에 답하시오. (각 2점)

인력거에서 내려선 윤 직원 영감은, 저절로 떠억 벌어지는 두루마기 앞섶을 여미려고 하다가 도로 걷어 젖히고서, 간드러지게 허리띠에 가 매달린 새파란 염낭끈을 풉니다.
"인력거 삯이 몇 푼이당가?"
이 이야기를 쓰고 있는 당자 역시 전라도 태생이기는 하지만, 그 전라도 말이라는 게 좀 경망스럽습니다.
"그저 처분해 줍사요!"
인력거꾼은 담요로 팔짱 낀 허리를 굽신합니다. 좀 점잖다는 손님한테는 항투로 쓰는 말이지만, 이 풍신 좋은 어른께는 진심으로 하는 소립니다. 후히 생각해 달라는 뜻이지요.
"으응! 그리여잉? 그럼, 그냥 가소!"
윤 직원 영감은, 인력거꾼을 짯짯이 바라다보다가 고개를 돌리더니 풀었던 염낭끈을 도로 비끄러맵니다. 인력거꾼은 어쩐 영문인지를 몰라, 두리번두리번하다가 혹시 외상인가 하고 뒤통수를 긁적긁적하면서……
"그럼 내일 오랍쇼니까?"
"내일? 내일 무엇 하러 올랑가?"
윤 직원 영감은 지금 심정이 약간 좋지 못한 일이 있는데, 가뜩이나 긴찮이 잔말을 씹힌대서 저으기 안색이 변합니다.

그러나 한편 인력거꾼으로 당하고 보면, 무엇하러 오다니, 외상 준 인력거 삯 받으러 오지요라는 것이지만, 어디 무엄스럽게 그런 말을 똑바로 대고 하는 수야 있나요. 그러니 말은 바른 대로 하지 못하고, 그래 자못 난처한 판인데, 남의 그런 속도 몰라주고, 윤 직원 영감은 인제는 내 할 말 다아 했다는 듯이 천천히 돌아서 버리자고 합니다.

42 밑줄 친 부분에 나타난 윤 직원 영감의 말투로 알맞은 것을 고르십시오.
① 불안하다 　　　　　　　② 간절하다
③ 흐뭇하다 　　　　　　　④ 거만하다

43 이 글의 내용과 같은 것을 고르십시오.
① 인력거꾼은 점잖은 손님에게는 항상 인력거 삯을 받지 않는다.
② 윤 직원 영감은 인력거꾼에게 인력거 삯을 줄 생각이 전혀 없다.
③ 윤 직원 영감은 인력거꾼에게 인력거 삯을 외상으로 하려고 한다.
④ 인력거꾼은 윤 직원 영감에게 인력거 삯을 달라고 대놓고 이야기했다.

※ [44~45] 다음을 읽고 물음에 답하십시오. (각 2점)

우리 몸이 움직일 때 발생하는 운동에너지와 열에너지를 모으면 전기를 만들수 있다. 또한 선풍기가 돌아가면서 모터에서 발생하는 열을 다시 전기로 바꿀수도 있다. 이렇게 우리 주변에서 (　　　　　　) 에너지를 전기에너지로 변환하는 기술을 '에너지 수확 기술'이라 한다. 이 기술은 사람이 걷거나 뛸 때 생기는 발의 압력과 팔의 흔들림을 이용해 전기를 만들고, 체온 유지를 위해 발생하는 열을 이용해 전기를 얻기도 한다. 이처럼 에너지 수확 기술은 열, 진동, 전자파, 운동 등 다양한 형태의 에너지를 이용한다. 최근 석탄, 석유와 같은 화석에너지 사용으로 발생하는 환경오염과 자원고갈 문제에 대한 대안으로 에너지 수확 기술이 더욱 주목을 받고 있다.

44 이 글의 주제로 알맞은 것을 고르십시오.
① 우리 몸에서 생기는 에너지를 모아서 전기를 만드는 기술이 개발됐다.
② 에너지 수확 기술은 운동에너지와 열에너지를 전기로 변환한 기술이다.
③ 화석에너지의 과잉 사용으로 환경오염 문제와 자원고갈 문제가 심각하다.
④ 환경오염과 자원고갈 문제를 해결하기 위한 에너지 수확 기술이 관심을 끌고 있다.

45 (　　) 에 들어갈 내용으로 가장 알맞은 것을 고르십시오.

① 차곡차곡 쌓아둔
② 미리 계획해서 모아둔
③ 저렴하게 만들 수 있는
④ 무심코 버려지는 다양한

※ [46~47] 다음을 읽고 물음에 답하십시오. (각 2점)

스마트폰 시대가 그 이전 시대와 결정적으로 다른 차이점은 사람들이 소비하는 서비스가 변화한 것이다. (㉠) 휴대 전화 서비스의 기본인 음성과 문자메시지의 사용량은 줄어들고 있고, 새로운 서비스인 데이터의 사용량은 나날이 늘어가는 추세다. (㉡) 추가 요금은 통신사별로 각각 다르게 책정되는데 추가되는 요금을 환산해 보면 자신의 기본 통신 요금을 훌쩍 넘어설 정도로 부담이 커질 수 있다. (㉢) 이에 통신사들은 공통적으로 최대 15만 원까지만 추가 요금을 부과하는 정책을 시행하고 있으며 각 통신사별로 구간별 할인, 안심 차단 등 데이터와 관련한 다양한 서비스를 제공하고 있다. (㉣)

46 다음 문장이 들어가기에 가장 알맞은 곳을 고르십시오.

스마트폰 요금제를 사용하면 요금제별로 일정량의 데이터를 지급하며 그 이상 사용 시 초과한 데이터 양에 따라 추가 요금이 부과된다.

① ㉠　　　　② ㉡　　　　③ ㉢　　　　④ ㉣

47 이 글의 내용과 같은 것을 고르십시오.

① 스마트폰이 나온 후와 나오기 전은 큰 차이가 없다.
② 스마트폰 데이터를 아무리 많이 써도 추가 요금은 부과되지 않는다.
③ 스마트폰 데이터의 사용량은 많아지고 문자메시지 사용량은 줄고 있다.
④ 스마트폰으로 영화를 여러 편 보면 통신 요금이 15만 원 넘게 나올 수도 있다.

※ [48~50] 다음을 읽고 물음에 답하십시오. (각 2점)

> 최근 몇 년간 중소 서점들이 운영 위기에 처해 있다. 디지털 기기의 사용 증가에 따라 독서량이 감소한 것이 가장 큰 원인이겠지만 온라인 서점이 활성화되면서 오프라인 서점이 온라인 주문을 하기 전에 책을 둘러보는 장소가 되어버린 것도 하나의 원인이라 할 수 있다. 더군다나 지역 서점이나 헌책방은 시내에 있는 대형 서점보다 (   ) 다소 불편하다는 점도 운영난의 원인이 되고 있다. 이를 해결하기 위해 서점 업계에서는 지역 서점이 주민들과 가까워질 수 있는 문화 행사, 지역 기업과의 자매결연, 시민단체를 통한 지역 서점 활성화 캠페인 등의 해결책을 내놓기도 했다. 지역 서점을 홍보하는 이러한 행사는 어느 정도 효과적일지 몰라도 책과 직접적인 관련이 없을 뿐더러 진정한 서점 활성화 방안이라고 보기에는 부족하다는 지적도 있다. 또한 행사와 관련된 지원을 받는 부분을 중소 서점주들에게 모두 일임하는 것이 중소 서점의 참여에 장벽으로 작용하기도 한다. 이렇게 중소 서점주에게 부담을 주는 방안보다는 서점 업계와 지역 기업, 주민 등이 함께 협조해 나갈 수 있는 방안을 모색해야 한다.

48 필자가 이 글을 쓴 목적을 고르십시오.
① 대형 서점이 인기 있는 이유를 설명하기 위해
② 지역 서점 운영이 어려워진 원인을 밝히기 위해
③ 지역 서점의 더 나은 활성화 방안을 살펴보기 위해
④ 서점 운영이 처해있는 위기의 상황을 분석하기 위해

49 (   ) 에 들어갈 내용으로 알맞은 것을 고르십시오.
① 규모가 크고, 저렴한 가격으로 책을 사기에는
② 규모도 작고, 대형 서점과 달리 익숙해지기에는
③ 접근성이 높고, 대형 서점만큼 쉽게 책을 고르기에는
④ 접근성도 낮고, 눈치 안 보고 들어가서 마음껏 구경을 하기에는

50 밑줄 친 부분에 나타난 필자의 태도로 알맞은 것을 고르십시오.
① 경험이 적은 중소 서점주들을 지지하고 있다.
② 문화 행사와 관련해 지원받는 것에 우호적이다.
③ 모든 책임을 떠안는 중소 서점주들을 걱정하고 있다.
④ 책과 직접적인 관련이 없는 문화 행사를 비판하고 있다.

答案、译文与解析

扫码获取单词学习本

第1章　中级

1 选择适合填入（　　）的词和语法结构

第1组　P4

1 他（　　）妻子的啰唆，气得到外面去了。

❶无法忍受　　　②想阻止　　　③怕坚持　　　④因为赢了

"다못해"是表示"无法……""太……"的语法，材料整体意思是妻子的啰唆让他实在无法忍受，不得不到外边去了。

2 因为今天是她的婚礼，所以很明显，她（　　）。

①算是漂亮的　　❷会很漂亮　　③可以很漂亮　　④也许很漂亮

前句中含有"분명"，表示一种非常肯定的推测，因而②最自然。

第2组　P4

1 今天的比赛（　　），我们班肯定会赢，上次也是大比分完胜。

❶想不想都一样　　②既然已经想象了　　③想起的程度　　④别说是预测

"나 마나"表示做不做前句动作，后句内容都成立，本句表示没必要预测，非常确信我们班一定会赢。

2 个人信息如果泄露，网络犯罪（　　）。

①一直接连不断　　②说不定会接连不断　　❸肯定接连不断　　④不可能接连不断

"기 마련이다"表示"发生某事非常正常"，全句意为"个人信息泄露会很容易导致网络犯罪"。

第3组　P4

1 他轻轻地向我（　　），送我花束和戒指，向我求婚。

①出现　　❷走来　　③走来的同时　　④因为跑来

能和"조용히"搭配的动作只有"다가오다"，"며"含有前后动作同时发生之意，"더니"则表示前后内容上有变化，甚至形成对比，故选②。

2 我最近事情很多，（　　），连见朋友的时间都没有。

①竟然很忙　　②担心很忙　　③忙着忙着就　　❹也因为很忙

本句需要一个表示因果关系的语法结构。"고 해서"除了表示因果关系外，还含有"句中理由只是众多原因之一，尽管还有其他理由，但句中理由最为说话人认可"之意。

2 选择与画线部分相似的表达

第1组　P6

3 我认为结婚对象有没有钱不重要，性格脾气才是最重要的。

①有钱再加上　　②因为有钱　　③因为好像很有钱　　❹不管有没有钱都无所谓

많고 말고 간에≈많든지　　상관없이≈많고 적고 간에≈많든지 적든지（상관없이）

4 听说你们今晚有乔迁宴，那就准备点儿食物吧?

①打算准备　　②想要准备　　❸准备一下怎么样　　④早知道应该准备的

준비하는 게 어때요≈준비하는 게 좋겠어요≈마련하지 그래요
준비하다≈마련하다≈장만하다

第2组 P6

3	他既是我的老师，也是有名的导演。			
	①因为是老师	❷是老师的同时	③因为是老师	④因为是老师
	선생님인 동시에≈선생님이며≈선생님이자≈선생님이고			
4	因为后辈说想要找工作，所以就告诉他了熟人的联系方式。			
	①担心找工作	❷因为说找工作	③别说是找工作	④不仅仅找工作
	찾는다기에≈찾는다고 해서，"- 기에" 表示 "原因，理由"。			
	일자리를 원하다 / 찾다 / 구하다 找工作			

第3组 P6

3	根据今天的天气预报，台风马上就要来了，请注意。	
	①如果关于天气预报	②如果与天气预报相比
	③如果对于天气预报	❹如果根据天气预报
	일기예보에 따르면≈일기예보에 의하면	
4	由于连续几天下暴雨，南方地区似乎遭受了很大损失。			
	❶好像遭受了	②差点儿遭受	③就算遭受	④正打算遭受
	"-(으)ㄴ / 는 모양이다" 表示 "好像"，含有推测之意。			
	피해를 입다 / 당하다 遭受损失			

3 选择主题

第1组 P8

5	"여보세요" 的意思是 "看这里"。 妈妈怀着一颗想念的心打电话。			
	①鞋子	②镜子	❸电话	④照片
	由 "여보세요" 和 "걸었습니다" 可知，材料的主题是 "电话"。			

6	全家人只期待夏天！ 这里位于雪岳山脚下，这里有为爷爷奶奶准备的温泉， 这里还有爸爸妈妈最爱的全国最高的波浪， 这里更是丰富多彩的儿童乐园。在这里，全家人一起愉快地玩耍吧！ 注意：禁止宠物入内			
	①山	②公园	③动物园	❹水上乐园
	"워터파크（water park）" 意为 "水上公园"，也就是以水上项目为主的公园。由 "여름" "온천" 和 "파도" 可知，主题为 "水上公园"。			

7	1. 借阅期限为 7 天，请不要逾期。 2. 图书如有遗失，请赔偿相同的图书。 * 借书时请携带会员卡。			
	①日程介绍	❷使用方法	③图书介绍	④会员招募
	材料中提到了借书期限，以及发生丢失情况的惩罚措施，同时提醒要带会员卡。由此可知，材料说的是在图书馆借书时，图书馆的 "使用方法"。			

8

> 我们成为一家人
> ——跨文化家庭演出——
> 在这里，您可以聆听世界各国的传统音乐，
> 与大家一起学唱歌。
> 日期：12 月 23 日下午 2：00—6：00
> 地点：首尔市立剧场
> 费用：免费

①演出日程　　❷演出介绍　　③音乐课日程　　④音乐课介绍

材料中提到了时间、地点、门票等信息，由此可知，这是一则关于演出的说明。

第 2 组　P9

5

> 在这里，您能亲眼看到以前爷爷奶奶们穿过的衣服、
> 用过的物品。
> 从历史课本上出现的祖先们的生活用品，
> 到图片、文章等，都可以在这里看到。

①家具店　　❷博物馆　　③美术馆　　④百货店

由 "옛날 할머니와 할아버지들이 입었던 옷과 사용했던 물건들" 等可知，材料的主题是 "博物馆"。

6

> 不管身处何方，永远与您在一起！
> 当您疲惫时，它是能让您越走越舒服、越穿越健康的朋友！

①自行车　　②手机　　❸运动鞋　　④汽车

由 "발이 닿다" "신을수록" 等可知，这是关于 "运动鞋" 的内容。

7

> 我们搬新家啦！
> 在大家的支持与厚爱下，友利牙科已搬到明洞天主教堂前。
> 日期：11 月 22 日（周三）10：00
> 地点：明洞天主教堂前友利大厦 2 层友利牙科
> ＊老顾客再次光临将有特别赠品相送。

①演出介绍　　②产品介绍　　③打折介绍　　❹搬迁公告

由 "이사했습니다" 和 "옮기게 되었습니다" 可知，这是一则关于迁址的公告。表示 "搬家" 时，多用 "이사하다"；表示公司、单位迁址时，多用 "이전하다"。

8

> 5 折优惠券
> ＊本优惠券自领取之日起，有效期为一年。
> ＊本优惠券不可转让。

①使用期限　　②交换方法　　❸使用方法　　④使用顺序

由材料可知，主要说的是关于优惠券的 "使用方法"。

第 3 组　P10

5	就像晒太阳一样 感觉十分干爽 哪怕连续一周下雨，也不用担心！
	①雨伞　　　　　②加湿器　　　　　③吸尘器　　　　❹干燥器
	由 "햇빛에 말린 것처럼" "뽀송뽀송" "비가 와도 걱정 없어요" 可知，这是关于 "干燥器" 的内容。

6	在温泉中度过 24 小时幸福时光 治愈天堂 追求健康生活的城市中心综合度假村 在这里，您可以彻底放松劳累了一天的身心！
	❶洗浴中心　　　　②洗衣店　　　　③电影院　　　　④百货店
	由 "온천수" "휴양지" "피로를 풀어 드립니다" 可知，这是关于 "洗浴中心" 的内容。

7	记忆交换券 记忆的一半是照片。 我们用美丽的相框 为您留下美好的回忆。 有效期限：2021.12.31 验证码：1da370G226
	①作业介绍　　②旅游产品介绍　　③摄影展介绍　　❹摄影商品券介绍
	由 "사진" "예쁜 액자로 만들어 드려요" 可知，这是关于 "摄影商品券介绍" 的内容。

8	本优惠券不可兑换现金。 本优惠券可在所有分店使用。
	①兑换方法　　❷使用说明　　③注意事项　　④产品说明
	材料中既提到了注意事项，又说明了适用范围，由此可知，这是一则 "使用说明"。

4　选择内容相符项

第 1 组　P14

9	鲜活的韩国传统文化 让我们利用暑假，一起了解韩国传统文化吧！ 日期：7 月 15 日—7 月 22 日 时间：每天上午 10：00—12：00 申请期限：7 月 6 日—7 月 12 日 对象：即将升入 1~3 年级的学生 地点：图书馆 3 层教育室 *将根据参与度给予奖励（奖励文化商品券）

①1~3 年级学生需全员参加。

❷活动在暑假期间每天进行两个小时。

③参加这一活动，要在上午 12 点之前申请。

④将会给所有参加活动的学生赠送文化商品券。

	活动并不是针对所有 1~3 年级的学生，只针对报名参加的学生，故①错；材料中并没有说明具体的申请时间，故②错；并不是给所有参加活动的学生赠送礼物，而是要看参与度，故④错；故选③。
10	年咖啡消费趋势（估算值） 20 岁以上成年人数（千人）　　　年咖啡消费量（杯 / 每人） ①每年的人均咖啡消费量一直在增加。 **②（消费咖啡的）20 岁以上成年人数每年都在增加。** ③咖啡消费量每年都在交替增加或减少。 ④2009 年 20 岁以上成年人的咖啡消费量最低。
	2009 年人均年咖啡消费量出现了下降，故①错；咖啡消费量只在 2009 年出现了一次下降，之后持续增加，故③错；咖啡消费量最低的年份不是 2009 年，而是 2007 年，故④错；故选②。
11	首尔爱心分享志愿团下个月将迎来 10 周年纪念日，为此，我们将于 8 月 15 日举办纪念活动。届时，将组织访问姊妹福利组织——爱之家，其间会开展发放慰问品、清洗梅雨期返潮的被子及床上用品、打扫卫生等送温暖活动。计划参加活动的志愿者请于 15 日上午 9 点之前到达爱之家。活动结束后，我们将选出活动期间表现良好的模范团员，并颁发奖品。 ①将为所有参加志愿服务的团员颁发奖品。 ②下个月，爱心分享志愿团就成立 20 周年了。 **③志愿服务团团员在纪念日当天直接去爱之家。** ④志愿服务团团员为纪念活动准备了慰问演出。
	能获得奖品的并不是所有团员，而是表现良好的一部分，故①错；并不是成立 20 周年，而是 10 周年，故②错；纪念活动并不包括慰问演出，故④错；故选③。
12	国内空调销量持续上涨，今年有望达到 210 万台，达到历史最高值。与去年销量 180 万台相比，增长约 17%。同时，截至今年 5 月，国内所有空调制造商的销量已比去年增加三倍。据分析，这是由于今年的暑热比去年来得早。 ①去年是空调销量最高的时期。 ②国内空调销量比国外大。 ③由于暑热早早来临，所以去年的空调销量很大。 **④今年上半年空调销量增大。**
	材料中提到"今年前 5 个月的空调销量已经比去年增加了三倍"，故①错；材料中并未提及国外销量，故②错；因提前进入炎热期而使得空调销量大增的不是去年，而是今年，故③错；故选④。

第 2 组　　P16

9	YbS 音乐会现场 播放当日特辑，音乐会现场 演出：8 月 22 日（周五）晚上 8 点 　　【如遇下雨，推迟至 9 月 4 日（周四）晚上 8 点】 地点：盘浦汉江公园 播放：9 月 6 日（周六）下午 2 点（YbS 电视台） 咨询及申请：http://www.ybs.co.kr/tv/
	①本次音乐会将于 8 月和 9 月举行两次演出。
	②本次音乐会将于当天在电视台举行。
	❸本次音乐会可于 9 月 6 日通过电视收看。
	④如想参加本次音乐会，可向电视台发送邮件。
	演出只于 8 月举行一次，如遇恶劣天气，才会延迟到 9 月，故①错；演出将于盘浦汉江公园举行，而不是电视台，故②错；如想参加本次音乐会，直接在电视台主页申请，不必发送邮件，故④错；故选③。
10	地铁各线房租价格比较 1 号线　2 号线　5 号线　7 号线　9 号线 国土交通部 2020 年上半年住宅实时交易资料（以换算为全税为基准）
	①各线租价没有明显差别。　　　　②在地铁各条线路中，2 号线的房租最贵。
	③房租最贵的是 9 号线，其次是 7 号线。　❹1 号线及 5 号线的房租相对比较便宜。
	由图可知，除 2 号线和 7 号线沿线房租差别不大外，其他各线房租差别还是非常明显的，故①错；房租最贵的不是 2 号线沿线，而是 9 号线沿线，故②错；9 号线沿线房租最贵，接下来的是 2 号线，不是 7 号线，故③错；故选④。
11	本月 17 日下午 7 点 30 分，国内最著名的魔术师崔镇圣将亮相东大门购物中心，为观众们带来炫目的魔法秀。当天，崔镇圣将用他卓越的口才带领观众们进入神奇的魔法世界，并将表演魅惑观众视线的纸牌魔术以及其他各种魔术。值得一提的是，他还将与随机抽取的观众一起表演，从而使此次活动超越了单纯的观看，观众可以亲身体验到魔术的乐趣。演出免费，将按先后顺序限流 1500 名观众，下午 4 点后可入场。
	①崔镇圣在购物中心做导购。
	②本次演出将于下午 4 点开始，持续 3 个多小时。
	③想直接参与演出的观众需要事先申请。
	❹来购物中心的观众们无须购票，可直接入场。
	崔镇圣是魔术师，并不担任商场导购，故①错；演出晚上 7 点半开始，不是下午 4 点，故②错；观看演出不需要申请，按先来后到的顺序，前 1500 名观众都可参加，故③错；故选④。

12	女儿从四岁开始便能和大人一起到处走了。可以和她交流，想给她拍照时，她也能摆出好看的姿势。最重要的是，她走累了，不会再吵着让妈妈抱，因此（我也）轻松了许多。冬天的时候，女儿吵着要去滑雪场，但是我没有带她去，因为她怕冷。但是看到有室内滑雪场的消息后，我决定和女儿来一次两个人的约会。 ①妈妈和女儿两个人经常一起约会。 ②女儿不仅会说话，还能自己拍照。 ❸女儿已经4岁多了，所以带出去玩儿很方便。 ④妈妈怕冷，所以不能带女儿去冷的地方。
	由材料可知，妈妈和女儿并不是经常"约会"，故①错；女儿只是拍照时会做出各种姿势，并未提及是否会自己拍照，故②错；怕冷的不是妈妈，而是女儿，故④错；故选③。

第3组　P18

9	世界之声庆典申请说明 庆典时间：10月1日（周二）—10月5日（周六） 申请时间：8月1日（周四）—8月31日（周六） 参加资格：所有想参加庆典的人 申请方式：邮件或信件 结果公示：9月10日（周二）在网页公示 * 详细信息请参考网页。 * 没有国籍、年龄及性别限制。 ①只能通过网络申请。　　　　　　　　❷申请期限为一个月。 ③通过审核者将单独通知。　　　　　　④非韩国国籍的外国人不能申请参加。
	申请既可以通过邮件，也可以通过信件，故①错；审核结果并不是单独通知，而是会在网页上公布，故③错；参加活动没有国籍限制，故④错；故选②。
10	各年龄段新型智能手机用户数占比 出处：广播通信委员会 ①下半年中，20岁左右的新型智能手机用户数最多。 ②11月，10多岁的新型智能手机用户数减少了。 ❸进入下半年，50多岁智能手机用户数增加了。 ④5月，各个年龄段智能手机用户数分布较为均衡。
	由图可知，下半年，40岁左右的新型智能手机用户数最多，故①错；11月，10多岁的新型智能手机用户数并没有减少，而是增加了，故②错；5月，各个年龄段智能手机用户数差异明显，故④错；故选③。

11	本月 30 日至 31 日，将在江原道春川的南怡岛举行第二届 "音乐节"。举办本届音乐节的宗旨是在南怡岛优美的风景中，让您彻底消除因都市生活而造成的身心疲惫。与上届音乐节不同，本次演出将使下至小学生、上到七八十岁的老人都可以感受到乐趣。所有演出将持续到晚上 9 点。
	①本次演出将通宵进行。　　　　　　　　②这是第一次在南怡岛举办的演出。 ③在这里可以与演出一起治愈伤痛。　　❹本次演出可以使全家人都感受到乐趣。
	演出并没有通宵，晚上 9 点就结束了，故①错；由材料可知，这已经是第二次在南怡岛举行类似活动了，故②错；本次音乐节旨在让参加者放松身心，而不是治愈伤痛，故③错；故选④。
12	在没有光线的空间里，在看不到任何东西的黑暗之中，有我们想象的一切。展览 "黑暗中的对话" 全程都在黑暗中进行，需要在专业导游的引导下参观。展览由若干主题构成，参观完全部内容大约需要 90 分钟。本次展览免费，如需参观，请在网上预约。展览每隔 15 分钟可允许 8 名参观者入场。
	①可以在黑暗的夜晚参观本次展览。 ②参观完所有的展览内容需要 15 分钟左右。 ③参观者需提前购票。 ❹展览每次允许 8 名参观者与导游一起入场。
	本次展览全程都在黑暗中进行，并不是在夜晚进行，故①错；参观完全部内容大约需要 90 分钟，故②错；本次展览免费，故③错；故选④。

5 排序

第 1 组　P22

13	（가）如果骆驼的驼峰下垂，那么就意味着（骆驼的）脂肪储量不足。 （나）看到这些，很多人会觉得驼峰里面储存的是水。 （다）骆驼的驼峰有时候看起来是下垂的，有时候看起来很坚挺。 （라）其实，骆驼的驼峰里储存的是脂肪，而不是水。
	①　　　　　　　　❷　　　　　　　　③　　　　　　　　④
	一般来说，第一句开头通常会出现 "名词 + 은 / 는"，并且说明的是一般性内容，由此可见，"다" 应为第一句。"다" 引起一个话题，"나" 说明了人们对这一话题的一般性认识，"라" 表明人们的一般性认识是不对的，"가" 说明了正确的认识。故选②。
14	（가）有一句话叫 "富益富，穷益穷"。 （나）因此，政府应该采取有效措施降低贫富两极分化程度。 （다）这种经济上的两极分化会带来很多副作用。 （라）意思是说富人越来越富，穷人越来越穷。
	①　　　　　　　　②　　　　　　　　③　　　　　　　　❹
	由 "라" 中的 "는 뜻이다" 可知，"라" 是对前一句的解释，四句中只的 "가" 最合适；"나" 是针对一种现象提出的解决方案，而 "다" 恰好说明了这一现象；故选④。

15 （가）某个地方遭到过雷击意味着这个地方"很受雷电的青睐"，因此也很容易再次遭受雷击。

（나）雷电不会两次袭击同一个地方，这句话其实是不对的。

（다）因此很多高层建筑都曾连续两次遭到雷击。

（라）芝加哥的110层高楼就曾两次遭受雷击。

❶   ②   ③   ④

"나"提出了一个一般性的事实，"가"对这一事实进行了进一步的说明，"다"是对前两句的结论，"라"则是在此基础上的又一个例证。故选①。

第2组 P23

13 （가）并不是只有有能力的人才能帮助别人。

（나）这个团体专门寻找需要帮助的人，并持续提供专业的帮助。

（다）为了证明这个道理，成立了"好邻居"团体。

（라）即使是没有什么能力的人，只要团结一心，也能产生巨大力量。

①   ②   ❸   ④

"가"提出了一个一般性的事实，因而是第一句；"나"中出现了"이 단체"，可见其前边一定会有关于这一"团体"的说明性内容；而"다"就提到了"团体"，"라"是对其前边内容的进一步说明，综合来看，应为第二句；故选③。

14 （가）他们希望通过与大自然的交流，可以让孩子成长为健全的人。

（나）现代社会的孩子们每天都要在狭小的室内度过忙碌的一天。

（다）于是，有些人希望能通过大自然抚慰这类孩子的身心。

（라）因此，越来越多的孩子注意力不集中或不善于调节情绪。

❶   ②   ③   ④

从四句话的开头可知，只有"나"提出了一般性事实，故应为第一句；"라"说明了前一句内容的后果；"다"针对这一后果，提出了解决方案；"가"则是对这一方案的进一步描述；故选①。

15 （가）比起费时间的理性判断，我们的大脑更喜欢做出快速的感性判断。

（나）因此为了生存，比起理性大脑，感性大脑被认为在思考中占据更主要的位置。

（다）结果就是，我们会在这种思考模式下，做出很多虽不正确但很快速的判断。

（라）之所以做出这种判断是因为我们的大脑比起"合理"，更优先考虑"生存"。

①   ❷   ③   ④

"가"提出了一般性的事实，因而是第一句；由"라"结尾的"기 때문이다"可知，这一句是前一句的理由；"나"开头的"따라서"表明这句是顺承前一句继续向下拓展的内容；"다"开头的"그 결과"则表明这是最后一句；故选②。

정답

第3组　P24

13	（가）试验结果显示，70% 以上的女性对喷洒了激素的男性更有好感。
	（나）不久前，某电视台介绍了激素的特性，并引发极大关注。
	（다）这次试验证明了激素是爱情的妙药，因此，添加了激素的新品香水也引起了人们广泛的关注。
	（라）那家电视台为了验证激素的特性，以普通人为对象做了试验。
	①　　　　　　②　　　　　　❸　　　　　　④
	"나"提出了一个一般性事实，因而为第一句；根据"라"中的"그 방송에서"，显然内容是承接自第一句；"가"是对上一句中"试验"结果的描述；"다"则是对整个事件的总结；故选③。
14	（가）危害健康的行为中，最具代表性的是跷二郎腿。
	（나）下意识的动作有时会对我们的健康造成危害。
	（다）为解决这个问题，应尽量减少跷二郎腿的时间，即使要跷，最好经常变换方向。
	（라）这个姿势会加大膝关节与骨盆的负担，使之不能保持平衡。
	①　　　　　　②　　　　　　③　　　　　　❹
	"나"提出了一般性的事实，因而是第一句；"가"一方面顺承了上一句的内容，另一方面举出了具体的例子；"라"说明了危害；"다"说明了对策；故选④。
15	（가）但主妇们保存食材时常用的保鲜膜或塑料袋等比想象的更容易透气，从而导致食材变味或变质。
	（나）这是因为只有隔绝空气，才能保持食材的新鲜。
	（다）所以，保存食材时，最好使用比保鲜膜或塑料袋更能隔绝空气的容器。
	（라）做完饭后将剩下的食材放入冰箱时，最好使用冷藏专用的密闭容器。
	❶　　　　　　②　　　　　　③　　　　　　④
	"라"提出了一般性的事实，因而是第一句；"나"说明了上一句的原因；"가"提出了在前述前提下仍然存在的问题；"다"则是针对这一问题给出了对策；故选①。

6　选择适合填入（　　）的一项

第1组　P26

16	生物产业是指利用生物本身的（遗传）信息与机能，制造出对人类有益的产品的产业。通过生物产业，可以生产出抗农药大豆及抗病虫害辣椒等，不仅可以增加食物营养含量，还可以增加产量。但是最近针对生物产业（　　）。因为有研究表明，转基因农产品会给人体带来很大危害。
	①优点得到人们广泛关注　　　　　　②谋求解决方案
	❸提出其存在的问题　　　　　　④安全性得以保障
	括号所在句含"그러나"，可见接下来的是与前边形成对照的内容，结合最后一句可知，应选③。
17	在经济学术语中，有"蓝海"与"红海"。"蓝海"是指没有竞争的新兴市场，而与之相反的市场，也就是竞争激烈的市场，被称为"红海"。最近，比起竞争激烈的红海，人们更加关注蓝海。因为人们认为开拓没有竞争者的新兴市场是最明智的经营策略。简单来说，就是（　　）寻找还未被发现的新兴市场。
	①通过激烈的竞争　　　　　　❷通过开发新领域
	③与竞争者同心协力　　　　　　④通过扩大既有市场

"쉽게 말해"表明括号所在句在意思上和前边是一样的，结合前述内容可知应选②。

18	现在，只要打开电脑，几乎可以做任何事。不仅不用外出工作，就连购物或与朋友见面也没有必要到外边去了。因此，便出现了很多宅男宅女。他们不去学校，也不接触社会，只是独自待在房间里或是很少与家人交流，这些无法适应社会、（　　）的人就是宅男宅女。
	①陷入电脑游戏无法自拔　　　　　　　②擅长工作和休闲
	❸只是待在家里　　　　　　　　　　　④和邻居和睦相处
	从全文来看，括号中应填入对"宅男宅女"的修饰语，综合前述内容可知，应选③。

第2组　P27

16	6年前，定点公寓禁烟制度开始实施。从那时开始，截至去年年底，首尔市内被指定为禁烟公寓的有430多处。但是，定点公寓禁烟制度除了有宣传特定公寓干净的效果之外，却并没有什么实际效用。这是因为几乎没有（　　）的控制手段。
	❶可以阻止吸烟的　　②为了处罚吸烟的　　③为了鼓励吸烟　　④使人们无法禁烟
	括号所在句中的"왜냐하면"和"기 때문이다"表明这是一句说明原因的句子，综合全文来看，应选①。

17	所谓少儿肥胖，从医学上讲，是指从幼儿期开始到青春期，超出同身高、同年龄的标准体重20%以上的情形。幼儿肥胖始于学步期，周岁以后，随着运动量的增加（　　）。但是一部分孩子会继续发胖，即使体重恢复到正常水平，进入学龄期后体重再次飙升的情况也不少。
	①不可能消失　　❷大部分（孩子的肥胖）会消失　　③说不定会产生　　④出现的概率很高
	括号后一句的"하지만"表明这句内容是与前句相反的，后句说的是有的孩子会继续发胖，那么括号所在句应是表达"肥胖会消失"的内容，故选②。

18	所谓礼节，是指在人际关系中，以消除摩擦、减少不便为目的的心理及约定。礼节中有"礼仪"和"举止"的概念，而且"礼仪"和"举止"略有区别。"礼仪"指的是虽不是法律规定，但是日常生活中不可缺少的恰当的礼节，是（　　）的规定。而"举止"是指以礼仪为基准的言行举动，相当于程度较轻的选项。虽然略有区别，但举止和礼仪在日常生活中，是一切事情的出发点，同时也是为别人考虑的一种心理。
	①可随自己心意调节的　　　　　　　②即使不遵守也可以的
	③如果不遵守将受到惩罚的　　　　　❹大部分人有义务遵守的
	本题可根据上下文和常识做出判断，应选④。

第3组　P28

16	随着独居家庭数量的增加，独居者的思想也在慢慢发生变化。以往很多人把"结婚"当成任务，无法享受单身生活的乐趣，每天像是被人追赶着似的生活。现在，越来越多的人更注重个人的满足感，享受单身生活。当然（　　）并不像想象中那么容易。这是因为所有的事情都需要自己独自承担，独自负责。
	①不独自生活　　②组成家庭生活　　③作为一家之主　　❹享受单身生活
	括号所在句是一个转折句，括号要求填入的是对前边内容的总结，综合全文，应选④。

17 | 颜色及光线会对人的食欲产生很大影响。如果将餐厅里的灯光设置成暖色系，并对餐桌集中照明，就会有刺激食欲的效果。相反，如使用冷色系灯光会有（　　）的效果。因此，想减肥的人最好更换厨房壁纸或餐桌周围的灯光。

①消除欲望　　　❷降低食欲　　　③改变家庭氛围　　　④集中对话

"반대로"表明括号所在句内容与前边相反，而且后一句中有"다이어트를 하고자 하는 사람들"，综合来看，应选②。

18 | 女人与男人在生活中（　　）不同，因此会出现很多差别，特征也各不相同。与男性相比，女性可以使用更多的词汇，因此女性比男性的记忆力好，承受的压力相对较小，患抑郁症的概率也相对较低。相反，男性使用的词汇量要比女性少，容易感受到压力，寿命也相对较短。

①记忆的程度　　　②对话的对象　　　③产生的压力　　　❹使用的词汇量

括号中要求填入对全文有概括意义的内容，从整体来看，应选④。

7 选择适合填入（　　　）的词＋选择内容相符项

第1组　P30

19
20 | 很多人会不自觉地在超市里使用塑料袋。为了保护环境，政府及一些大企业鼓励人们使用菜篮子或纸袋，甚至提出有偿使用塑料袋，以此来限制塑料袋的使用。但是，至今仍有很多人下意识地使用塑料袋。在工厂里，生产一个塑料袋只需要一秒种，而且使用非常方便，不受时间、地点限制。（　　）被扔掉的塑料袋却需要400年才能被完全降解掉。不仅如此，在降解过程中，还会产生温室气体。

19. 请选出适合填入（　　）的一项。

❶相反，另一方面　　　②好像　　　③即使　　　④本来，原本

20. 请选出与文章内容相符的一项。

①所有的超市都免费提供塑料袋。

②正在研制可迅速降解塑料袋的设备。

③全世界都使用塑料袋，因此塑料袋的销量增加了。

❹政府及大企业鼓励人们使用纸袋或菜篮子。

19题，括号前一句说的是生产一个塑料袋非常容易，后一句说的是降解很难，前后内容形成对比，所以应选表示"转折、对照"之意的①。20题，材料中提到有偿使用的情况，故①错；②③未提及；故选④。

第2组　P30

19
20 | 努力工作并把赚的钱存起来是一件很正确的事，但是，过度节俭也会威胁到国家经济。如果不消费，钱就无法流入市场，企业就只能减产。企业如果减产，工作岗位也会相应减少，并最终会影响到家庭收入。在一个国家的经济中，家庭、企业和政府是不可分割的。（　　）这三者中如果有一方不能发挥作用，经济就不能正常运转。

19. 请选出适合填入（　　）的一项。

❶也就是说　　　②渐渐　　　③最终　　　④再加上

20. 请选出与文章内容相符的一项。

①要攒钱必须存钱。　　　　　　②一个国家的经济由政府和企业维持。

❸企业的产量会影响家庭收入。　　　④如果消费减少，企业会增加好产品的产量。

第3组　P31

19
20

由于驾驶员失误引发的交通事故中，因驾驶员打瞌睡而引发的事故占比较高。从事故发生时段来看，凌晨、午餐及晚饭后是事故高发时段，这三个时间段是驾驶员最容易瞌睡的时候。（　　）服用感冒药等药物也会导致驾驶员瞌睡。为了避免瞌睡导致交通事故，应该经常对汽车内部进行通风换气，让驾驶员可以呼吸到新鲜空气，这样有助于向大脑提供充足的氧气。

19. 请选出适合填入（　　）的一项。

①总之　　　　　　②一定　　　　　　③这是因为　　　　❹除此之外

20. 请选出与文章内容相符的一项。

①驾驶过程中服药可以预防瞌睡。

②很少有交通事故是由于瞌睡造成的。

③由于驾驶员失误引发的事故发生在上午的概率最高。

❹为了预防因驾驶员瞌睡造成的事故，应该经常对车内进行通风换气。

8 选择适合填入（　　）的惯用表达＋选择中心思想

第1组　P33

21
22

很多人认为在（　　）忙碌的社会中，休息是一种浪费。然而，有研究结果表明，在运动、学习或工作时，稍做休息，反而会提高效率。运动或工作时，短暂的休息可以恢复体力，而且有助于改掉运动及工作时的坏习惯。因此，太过贪心、不停地工作，反倒不如适当休息、劳逸结合的效率高。

21. 请选出适合填入（　　）的一项。

①眼里喷火的；眼前一亮　　　　　　②眨眼间

❸忙得不可开交　　　　　　　　　　④含在嘴里怕化了，放在手里怕掉了

22. 请选出文章的中心思想。

①在忙碌的现代社会，人们不能休息。

②只有不停地工作，才能提高效率。

③休息越久，工作时间越长。

❹为了提高工作与学习效率，最好适当休息。

第2组　P33

21
22
公平贸易是指，当发达国家的消费者向发展中国家的生产者购买商品时，能以较为公平的价格进行交易。通过公平贸易，发展中国家的生产者可以改善生活条件，发达国家的消费者则可以以适当的价格购买到较高质量的产品。为了让发展中国家生产的咖啡、茶、巧克力、装饰品等产品以适当的价格销售，很多国家应该（　　）参与公平贸易。

21. 请选出适合填入（　　）的一项。

①推卸责任　　　②门路广，关系多　　　❸赤膊上阵，积极行动　　　④火烧眉毛

22. 请选出文章的中心思想。

❶很多国家参与公平贸易是一件好事。

②至今还有很多国家进行不公平贸易。

③比起消费者，公平贸易给生产者带来的利益更大。

④公平贸易是指发展中国家生产者与消费者之间的贸易。

21题，作者号召大家积极参与公平贸易，由此可见，括号内应填写表示"积极"的内容，故选③。22题，材料的中心思想是希望能有更多的国家加入公平贸易的行列，②③④不光内容上与原材料不符合，而且涉及的是细节，不是中心思想，材料的中心思想体现在最后一句中，故选①。

第3组　P34

21
22
现在正是网络漫画盛行的时代。"web-toon"是"web（网络）"和"cartoon（漫画）"的合成词，是指通过网络就可以看到的漫画。在一些主要搜索引擎上，读者可以看到310多部网络漫画，周点击量可达2亿次。同时，随着智能手机的普及，网络漫画更加深入到人们的生活中。有专家（　　）预言，未来，网络漫画的人气绝不会下滑，并指出，将来应更加关注网络漫画相关产业。

21. 请选出适合填入（　　）的一项。

❶异口同声　　　　②咋舌　　　　③勉强糊口　　　　④吐舌头，吃惊

22. 请选出文章的中心思想。

①以前看网络漫画的人并不多。

②今后只能通过网络看漫画。

③随着网络漫画读者数量的增加，智能手机销量也随之增加。

❹网络漫画将越来越受欢迎，因此应更加关注其相关产业。

21题，由前后文可知，专家们对网络漫画未来的发展前景意见比较一致，故选①。22题，材料整体说的是由于网络漫画发展势头良好，因而未来应该如何应对的内容，中心思想体现在最后一句中，故选④。

9 选择心情＋选择内容相符项

第1组　P37

23
24

上周，我去奥林匹克公园听了尼克的演讲。尼克与我年龄相仿，但是生下来就没有胳膊和腿。尼克小时候胆小自卑，时常感叹自己身体的残疾，但最后在父母的关爱下，他现在活得就像一个奇迹。尼克不仅在日常生活中没有任何障碍，电脑、运动等方面也是无所不能。比起健全人，他会做的事更多，他给了人们巨大的希望与安慰。最近，我也经历过几次失败与挫折，甚至想过要放弃，但是听了尼克的演讲，我<u>觉得抬不起头来</u>。尼克尽管身体有残疾，但是依然怀有一颗感恩的心，以积极的态度面对人生。我不禁感到，我也应该下定决心，重新开始。

23. 请选出画线部分所表达的作者心情。

①悲伤　　　　　　②遗憾，可惜　　　　　③焦急　　　　❹羞愧

24. 请选出与文章相符的一项。

①我虽然和尼克同龄，但比他更成熟。

②尼克从小就开朗、好动。

③尼克并不比身体健全的人能干。

❹我最近经历了很多失败与挫折，一度十分消沉。

> 23 题，作者听了尼克的演讲后，两相对比，觉得非常羞愧，故选④。24 题，作者和尼克虽然年龄相仿，但更成熟的是尼克，不是作者，故①错；尼克小时候很胆小、自卑，也会时常感叹自己身体的残疾，故②错；尼克比身体健全的人更能干，故③错；故选④。

第2组　P38

23
24

我人生的导师是我的父亲。大学时，有很多专业可选，但是我选择了比较冷门的农学，就是受爸爸的影响。爸爸干了一辈子农活儿，在我小的时候，他就开始种菜。开始几年，收成并不是很好，但不知从哪一年开始，爸爸种的菜几乎每年都卖得很好。爸爸每天边在田里干活儿，边研究农学。他读了很多书，也见了很多专家，听取他们的意见，运用多种方法干农活儿。不仅如此，爸爸还用干农活儿挣的钱，建了一个供村子里的老人们休息的地方。虽然地方很小，但老人们可以在那里舒舒服服地休息。村子里的老人们有时候会数落我不帮爸爸干活儿，只知道和小伙伴们玩儿，但是他们偶尔也会给我<u>一些小零食或者好玩儿的东西。小时候我总以为那是理所当然的，现在想起来，总是会不禁脸红</u>。

23. 请选出画线部分所表达的作者心情。

①陌生　　　　❷害羞，羞愧　　　　　③别扭　　　　　④自豪

24. 请选出与文章内容相符的一项。

①我在爸爸的农田里努力干活儿。

②爸爸是研究农业的学者。

❸我尊敬爸爸，希望过和爸爸一样的生活。

④爸爸在做农活儿的同时，为村子里的老人提供了很多工作岗位。

23 题，老人们对作者好，作者小时候认为是理所应当的，长大后再回头看，作者明白了其中的含义，因而会觉得羞愧，故选②。24 题，作者小时候并没有帮爸爸做很多农活儿，并因此被村里的老人数落，故①错；作者的爸爸做了一辈子农活儿，但文章并未提及他是个学者，故②错；爸爸在做农活儿的同时，为村里的老人建了一个休息室，故④错；故选③。

第 3 组　P39

23
24

我和丈夫连续 12 年为餐厅配送肉食。不久之前，丈夫出了车祸，我和儿子顶替丈夫工作，十分辛苦。从一大早直到深夜，这样筋疲力尽的日子越来越多，我的身心都吃不消了。于是，即使是客户公司的员工出现失误，我也会皱起眉头，甚至大声呵斥他们。

一天，儿子一边整理要送到餐厅的肉，一边说："妈妈，如果送货的时候，看到老板能微笑着给员工递上饮料，员工就会希望自己可以做得更好。但是如果每次去都看到老板发火或者嘟囔个不停，员工就会觉得不管以后能不能继续做生意，只想提着肉走人。所以，妈妈，以后请对送货的员工们好一点儿。"

想起我曾对客户公司的员工说"如果送的肉不好，就不再和他们做生意"，我的脸不禁变得火辣辣的。虽然儿子还是个孩子，但我却从他身上学到了很多。

23. 请选出画线部分所表达的作者心情。

①高兴　　　　　　②着急　　　　　❸羞愧　　　　　　④生气

24. 请选出与文章内容相符的一项。

①儿子遭遇车祸，不能帮忙。

②只要客户员工不耐烦，儿子就不和他们做生意了。

③不管我有多累，总是微笑待人。

❹我一直觉得儿子还是个孩子，但是却从他身上学到了很多。

23 题，听了儿子的话，作者反思自己，因而觉得③。24 题，出车祸的不是作者的儿子，而是作者的丈夫，故①错；作者的儿子并不是个不耐烦的人，故②错；作者会因为员工出现失误而皱起眉头，甚至大声呵斥，故③错；故选④。

第2章　高级

1 阅读新闻标题，选择新闻内容

第1组　P44

25

济州市，为60万市民编写人权宣言，耗时堪比长征

①60万济州市民全员参与编写人权宣言。

②60万名济州市民共同参与了长时间的徒步旅行。

③济州市民无法得到人权保护，进行了长时间的示威。

❹济州市花费了很长时间为60万市民编写人权宣言。

本题中心词是"대장정"，意思是做一件事耗费了巨大的精力和很长的时间，因而标题的整体意思是④。

26

酷暑袭人的时节，向着全运会雄起起气昂昂迈进

①在酷暑中，全运会如火如荼地进行。

②很多人冒着酷暑前来观看全运会。

③尽管持续酷暑，人们还是会去参加全运会。

❹尽管酷暑一直持续，但是运动员们还是在为全运会努力训练。

中心词是"기승"和"발걸음"，前者表示"气势正盛"，后者表示"正在准备中"，所以标题的意思为④。

기승(气胜)【名】猛烈，气盛

27

在入学考试中没有立足之地的钢琴、美术辅导班

①准备入学考试的考生们为报名参加钢琴、美术辅导班而排队。

②由于入学考试临近，钢琴、美术辅导班越来越受欢迎。

❸现在以应试教育为主，因此钢琴、美术辅导班门庭冷落。

④与应试教育相比，钢琴、美术辅导班更受欢迎。

中心词是"설 곳 없다"，意思是"没有立足之地，不受欢迎"，因而标题意思为③。

홀대 받다 不受重视，被忽视

第2组　P45

25

为老年人创造工作岗位的企业，应该减免他们的税务

①老年人创建的企业不用交税。

②为老年人提供工作岗位的企业应该完全免税。

❸应该为给老年人创造工作岗位的企业减税。

④应该向老年人提供税务支持，使他们可以创建新公司。

核心词是"창출（创造）"和"감면（减免）"，因而标题整体意思为③。

26

多灾多难的出版业，继续原地踏步

①事故频发的出版业人士正在走路。

②事故多发的出版业状况逐渐好转。

③面临多种问题的出版业正为解决问题而努力。

❹面临多重问题的出版业至今未能找到解决方案。

核心词是"다사다난（多灾多难）"和"제자리걸음（原地踏步）"，因而标题整体意思为④。

27	小学一年级（新生激增），书包脱销，原因在于金猪年
	❶由于金猪年的影响，小学一年级学生增加，书包都卖光了。
	②由于金猪年的影响，小学一年级学生减少，书包产量减少。
	③由于金猪年的影响，小学一年级学生减少，书包销量减少。
	④由于金猪年的影响，小学一年级学生增加，但书包销售量还是一般。
	所谓"황금돼지띠"指的是按天干地支和阴阳五行的思想，推算出某一年是"金猪年"，韩国人认为金猪年出生的人一生会大吉大利，因而会扎堆生宝宝。这一思想和中国人扎堆生"龙宝宝"的思想非常相像。本题核心词是"동나다（脱销）"和"특수（特需）"，因而标题整体意思为①。

第3组　P46

25	学生数骤减，地方大学处于生死存亡的关头
	①由于学生不再逐渐增加，地方大学关门了。
	②随着学生数量的逐渐减少，地方大学面临经营困境。
	③随着学生数量的急剧增加，地方大学的运营出现很多问题。
	❹学生数量突然减少，地方大学运营出现困难。
	核心词是"급감（急剧减少）"和"존폐위기（存亡危机）"，因而标题整体意思为④。
	차질을 빚다 出现差错
26	恶劣的工作环境，导致教育质量低下
	❶由于（教师）工作环境不好，所以教育质量降低。
	②由于（教师）工作环境不好，所以完全看不到教育成果。
	③由于（教师）工作环境不好，所以无法开展教学工作。
	④除非（教师）工作环境变好，否则无法开展教学工作。
	核心词是"열악하다（恶劣）"和"저하（低下）"，因而标题整体意思为①。
27	尽管交通事故频发，汽车公司在安全对策方面依旧磨磨蹭蹭
	①尽管很少发生事故，但汽车公司依然进行安全检查。
	②即使发生很小的事故，汽车公司也会进行彻底的安全检查。
	③由于经常发生事故，所以汽车公司急需出台安全对策。
	❹尽管经常发生事故，但汽车公司却迟迟不肯拿出安全对策。
	核心词是"잦다（频繁）"和"미적（磨蹭，拖延）"，因而标题整体意思为④。
	미적대다/미적거리다【他】磨蹭，拖延

2 选择适合填入（　　　）的一项

第1组　P48

28	我们不建议大家刚吃完饭就刷牙。这是因为，即使不刷牙，吃饭的时候，食物中的酸性物质也会腐蚀牙齿表面，如果马上刷牙，会更加刺激这个部位。因此，吃完饭以后，首先应（　　　），约30分钟以后，再仔仔细细地把牙齿刷干净。
	①先不挤牙膏刷牙　　　　　　　　　②把牙齿表面刷干净后
	❸用清水漱口，去除口腔内的酸性物质以后　④用牙签去除口腔内的异物后
	材料主要说的是最好不要饭后马上刷牙，并阐明了理由，结合上下文可知，括号中应选③。

29	众所周知，母鸡种类不同，所下鸡蛋的颜色也不同。但并不是说白鸡生的都是白蛋，黄鸡生的都是黄蛋。虽说褐色的母鸡生褐色鸡蛋的概率比其他颜色的鸡稍微大一点儿，但是只通过母鸡的颜色（ ）。也就是说，在母鸡下蛋之前，我们无法确定鸡蛋的颜色。另外，我们也无法确定究竟是何种颜色的鸡蛋更有营养。 ①很容易推测鸡蛋的颜色 ②很容易预测鸡蛋的营养成分 ③很难预测鸡蛋的营养成分 ❹很难预测鸡蛋的颜色 材料主要说的是我们无法根据母鸡的颜色确定鸡蛋的颜色，结合上下文可知，括号中应选④。
30	在这个世界上，所有的物体在被推拉之前是不会移动的。可以推或拉物体的是"力"。大部分情况下，力发生作用时是可以被看到的。但另一方面，有些力即使在没有直接接触的情况下也是可以发生作用的。例如，磁铁可以在没有直接接触的情况下把铁片吸过来。这时，把铁片吸过来的力，我们称之为"磁力"，磁力是肉眼看不到的。同样的道理，（ ）的另一种力是地球将物体向地面吸引的力，这种力就是重力。 ①用肉眼可以看到 ②确实发生作用 ③间接吸引过来 ❹即使没有直接接触也会发生作用 材料主要说了力在发生作用时可以和物体接触，也可以不接触，由"이와 같이"和"또 하나의 힘"可知，括号中应选④。
31	国乐作为韩国的传统音乐，大致可分为正乐和民乐两部分。正乐是指在宫廷中演奏或是过去贵族们专享的音乐，而民乐则主要是平民喜欢的音乐。正乐与民乐虽同属国乐，但其风采和韵味各不相同。正乐讲究的是柔声细气，娓娓道来，而民乐与之相比则更加多样且充满变化。对于正乐与民乐来说，每个人都可以根据自己的喜好选择，因此两者之间（ ）。 ①具有和谐之美 ❷很难说孰优孰劣 ③可以说差异很大 ④可以说完全没有共同点 材料介绍了正乐和民乐，并在最后说可以根据自己的喜好选择，因而括号中应选②。

第2组　P49

28	"blockbuster"本来的意思是大型高性能炮弹，近来却经常被用作大众传媒用语，指的是在电影界，为了在短期内获得高利润而制作的大片。针对特定时期（ ）的电影就属于这种类型。因此，为了保证首映时有尽量多的电影院排片，需要投入大量广告费进行营销宣传。大部分电影大片是特效酷炫的科幻片或动作片，为观众提供了充满刺激、动作丰富的看点。 ①针对特定时期，投入最少资金制作 ②不追求票房，而是考虑内容的特殊性而制作 ③以投入最少资金，获取最大利润为目的而制作 ❹为实现高票房，投入巨额资金制作 材料主要介绍了关于电影大片的一些情况，括号前一句已经给出了相关定义，因而括号中需要根据这一定义填入④。

29	主权信用评级表明了一个国家偿还债务的意识和能力，也是在国际金融市场中，判断投资环境好坏的依据。如果主权信用评级下降，那么外国投资者们就不愿意发放贷款，同时会提高贷款利率。具体企业或金融机构的信用评级（　　），如果主权信用评级下降，即使是优秀的企业也会被认为信用较低。决定一个国家主权信用评级的因素主要有政治因素和经济因素。 ①根据投资条件进行判断　　　　　　　　②与相关国家的主权信用评级不同 **❸以相关国家的主权信用评级为基础**　　④根据其偿还债务的能力进行判断
	材料主要讲了一个国家具体企业、金融机构的信用评级和国家的主权信用评级息息相关，由括号后一句可知，括号中应填③。
30	随着交通科技的发展，交通工程学日益受到人们的关注。交通工程学涉及产业、物流、城市规划等，已经取得了长足的发展。特别是随着可以提供实时交通信息的智能交通系统的研发，交通工程学与我们的生活更近了。交通工程学者们主要研究安全便利的交通体系，并对交通规则、交通政策、信号灯体系等交通（　　）。 ①为解决特殊问题而进行研究 ②环境进行分析，并设计出绿色环保系统 ③把握各种问题，并首先保证交通速度 **❹系统进行全面分析，使人与物可以畅通无阻**
	材料主要介绍了有关交通工程学的情况，并未提及是否需要优先保证速度，以及解决某些特殊问题，故①错；材料中也并未提及环境问题，故②错；由前边提到的交通工程学涉及多个领域可知，这是一项系统工程，故选④。
31	和谐就如同一片森林。森林之所以美丽，是因为生长着高矮不同的树木，盛开着五颜六色、香味各异的花，以及在低谷与石缝间流淌着小溪。在森林里，生活着大大小小的动物与昆虫，鱼儿在小溪里自由游弋。和谐并不只是看起来美好，同时，和谐可以创造出新的和谐，并因此而变得更加有意义。（　　）真正的和谐与美丽就是这样被创造出来的。 ①当一个个新事物陆续出现的时候 ②各不相同的事物，只是看起来美好的时候 ③大小不一的事物聚集在一起的时候 **❹形态各不相同的事物聚在一起，并承认各自的存在时**
	材料主要说明了所谓"和谐"指的是在认可不同的前提下的和平共存，故选④。

第3组　P51

28	绿色产品是指以保护环境、减少垃圾排放为目的（而生产）的产品。政府或环保组织正在推行环保商标制度，他们通过比较，选出环保产品并贴上认证标志，这种被认可的产品便是绿色产品。促进循环利用的可再生产品，不含水银、铬等难降解成分的各种喷雾产品，以及在生产过程中（　　）等也属于绿色产品。环保的重要性日益凸显，如果一个国家不推广绿色产品，那么将很难具备国际竞争力。 ①花费较少时间的产品　　　　　　　　②产生垃圾的产品 ③花费较少金钱的产品　　　　　　　　**❹排放较少污染物的产品**
	材料主要讲了何为绿色产品，即对环境影响小的产品就是绿色产品，故选④。

29	working holiday 是指劳动力不足的国家为外国年轻人发放为期一年的特殊签证，允许他们入境，并给予他们就业资格的制度。这项制度使希望在国外就业的人能更容易找到工作。特殊签证在入境工作一年后会转换为旅游签证，可在相应国家旅行。因为working holiday 制度（　　　），所以在现在的年轻人中很受欢迎。
	❶既可以赚钱，又可以旅游　　　　　　②既可以结婚，又可以旅游
	③既可以交到朋友，又可以学习文化　　④既可以学习外语，又可以学到其他
	材料主要介绍了 working holiday 制度，由前后文可知，括号中应填入这一制度的优点，结合上下文可知，应选①。
30	在古斯塔夫·克林姆特的作品《吻》中，我们可以看到一对恋人完全脱离周围环境，站在一小块开满鲜花的草地上。两人被独特的金色环绕，忘情地吻着对方，陶醉其中。因为他们身在何方，是什么时候，（　　　），所以他们看起来好像脱离了所有的历史和社会现实，与宇宙融为一体。同时也表达出"既是完整的，也是唯一的"意味。
	①很容易了解　　　　　　　　　　　②仔细描述
	③有说明的关键　　　　　　　　　　❹几乎没有任何线索
	材料主要介绍了一幅名画，由括号后的"모든 역사적, 사회적 현실에서 벗어나 마치 우주와 같은 곳에 존재하는 것처럼"可知，括号中应填④。
31	如果不是仔细查看手机话费明细，说不定会睁着眼睛被坑。手机用户即使没有使用信用卡，每个月也可以透支 30 万韩元。这种透支在输入手机号码及身份证号后，经过本人同意，即可完成结算，而结算款项在事后与手机费一起缴纳。很多人抱怨通过这种结算方式，（　　　）。
	①结算变得方便　　　　　　　　　　②手机话费减少
	❸有人偷偷把钱顺走　　　　　　　　④只有本人可以完成结算
	材料主要说的是手机费缴纳中的陷阱，由上下文可知，括号中应填入③。

3 选择与文章相符的选项

第 1 组　P54

32	不管从哪个角度观察，蒙娜丽莎总是直视观众。这种现象在外行看来十分神奇。事实上，这背后并没有什么特别的魔术，也并不是只有像莱奥纳多·达·芬奇那样的天才画家才可以画出这种作品。只要了解了蒙娜丽莎眼神中隐藏的秘密，就会非常简单。在肖像画中，只要两眼中的一只位于画面垂直方向的中央线上就可以了。
	①随着角度的不同，蒙娜丽莎双眼的高度也不同。
	②《蒙娜丽莎》中有着魔术一般的戏法。
	❸其他画家也可以画出像《蒙娜丽莎》一样的作品。
	④蒙娜丽莎的双眼位于画面水平方向的中央线上。
	不管什么角度，双眼的高度总是不变的，故①错；作品中并没有什么戏法，故②错；只有一只眼睛位于画面垂直方向的中央线上，故④错；故选③。

33	房间里不管如何扫、擦、清洁，只要过一段时间，就又会落满很多灰尘。实际上，自然产生的污染物质大部分不会危害健康。包括灰尘在内的各种生活污染物中都包含有很多细菌及病菌，但我们人体可以自行净化并适应细菌环境，因此完全不用担心会危害我们的身体。相反，过度清洁反而会降低免疫力，并引起更多的过敏及各种感染。 ①生活灰尘中包含着各种细菌及病菌，对人体有害。 ②人体无法净化污染物，因此应格外注意。 ③为了确保不产生生活灰尘及污染物，应该经常打扫。 **④过度清洁会引起免疫力下降及感染。**
	生活污染物中虽然含有很多细菌及病菌，但人体可以自行净化并适应这一环境，故①②错；③未提及；故选④。
34	如果将苹果削皮后置于室温条件下，不久就会形成一层褐色的薄膜。这种现象被称为"褐变"，目的是防止细菌侵害苹果。虽然看起来不美观，但是对人体并没有什么害处。这是因为变色的部位即使不削掉直接吃进肚子里，也会因为不被消化而再次被排出体外。西红柿、土豆、黄瓜等被削皮时也会变色，只是看起来不是很明显而已。 ①褐变是因细菌侵入而形成的薄膜。 **②即使吃掉变色的部分，也会被排出体外，因此吃了也没有什么问题。** ③将水果与蔬菜置于室温条件下就会发生褐变，对人体有害。 ④除了苹果以外，如果将其他水果或蔬菜置于室温条件下，都不会发生褐变。
	"褐变"是自然形成的，目的是防止细菌侵害，并不是由于细菌入侵，故①错；"褐变"对人体无害，故③错；除苹果外，西红柿、土豆、黄瓜等被削皮时也会发生"褐变"，故④错；故选②。

第2组　P55

32	食物的温度对人体的影响不是很大，因此，吃冷食还是热餐并不重要。但专家们之所以建议每天至少吃一顿热餐是因为投入精力与时间做的饭可以让人更加从容地慢慢品味，而花费较少时间制作出来的快餐会被人很快吃掉，吃饭过快当然不可能对身体好。尽量不要吃快餐也正是由于这个原因。另外，不把食物做熟，直接吃生的也不是什么太好的饮食习惯。 ①比起冷饭，热餐对我们的身体更好。 **②比起食物的温度，吃饭的速度对我们身体的影响更大。** ③绝对不要吃制作时间短的食物。 ④快餐吃起来十分方便，是一种很实用的食物，因此可以多吃。
	食物的温度对人体的影响不是很大，故①错；材料中只是说吃快餐有一定的坏处，并没有禁止人们食用快餐，故③错；吃快餐有一些不好的影响，因而倡导少吃，故④错；故选②。

33	高气压控制下的大气比较稳定，可以保持较长时间的晴朗天气，但并不是说大气稳定就都是好事。在寒冷的冬季，高层空气如果过于稳定，随着高度的升高，气温反而会上升，这种现象被称为"气温逆转"。此时，被污染的空气无法正常循环，聚集在一处，就会产生雾。大气中的灰尘和废物颗粒与水蒸气结合，就会形成雾霾，而元凶就是汽车尾气。 ①大气稳定时，天气最好。 ②冬季，高度越高，气温越低。 ③气温逆转与雾霾没有任何关系。 **❹冬季持续的高气压并不都是好事。** 大气稳定并不都是好事，故①错；冬季，高度越高，气温反而会上升，故②错；气温逆转是导致雾霾的原因，故③错；故选④。
34	冻疮是由于血液循环不畅，或血管收缩，或营养不良而引发的疾病。与气温骤降相比，当在湿度较高的冬季长时间在室外逗留时，更容易生冻疮。主要表现为皮肤上会出现较大的淤血状蓝黑色疤痕，同时会有剧痛感，相应部位会失去知觉。另外，生冻疮的部位对湿度及低温比较敏感。冻疮多发生在儿童或贫血病人身上。易生冻疮的人应戴手套，或者穿较厚的袜子御寒，同时最好通过按摩手脚或洗热水澡促进血液循环。 ①冻疮容易发生在寒冷的冬季。 ②生冻疮的部位跟血液循环及血管没有关系。 ③生冻疮时会失去知觉，因此不会觉得痛。 **❹儿童及贫血病人应格外注意预防冻疮。** 冻疮容易发生在湿度较高的冬季，单纯的低温并不能引发冻疮，故①错；生冻疮与血液循环、血管都有直接关系，故②错；生冻疮时会有剧痛感，故③错；故选④。

第 3 组　P57

32	梳头可以刺激头皮上的皮脂腺，从而促进皮脂分泌。因此，如果本来就是油性发质，那么应该尽可能避免梳头。相反，干性发质的人则应通过多梳头使头发更加柔润有光泽。头发长的人最好每天从发根到发梢好好梳几次头。但是，如果梳子太硬，反而会损伤头发。 ①不管头发状态如何，都应该多梳头。 ②不管用什么样的梳子，都应该经常梳头。 **❸头发长的人最好经常梳头。** ④梳头可以刺激头皮的皮脂腺，从而抑制皮脂的产生。 油性发质应避免多梳头，干性发质则应多梳头，故①错；梳子太硬，反而会损伤头发，而且梳头频率应考虑到发质，故②错；梳头会促进皮脂分泌，故④错；故选③。
33	很多人认为，走比站累。事实上，如果长时间站立，我们就会发现，这是错误的。与走路相比，站立时腿部的负担更重。走路时，只是一条腿产生负担，另一条腿可以休息。也就是说两条腿可以轮流工作，因此可以缓解疲劳。 ①走比站更累。 ②站立时，腿部没有任何负担。 **❸走路时两条腿轮流用力。** ④站立时，两条腿各承受一半的负担。

	站比走累，故①错；站立时腿部负担更重，故②错；两条腿各承受一半的负担是指走路时的状态，不是站立，故④错；故选③。
34	很多人认为酒精进入人体后，身体会发热。如果喝热酒，体温会上升得更快，但这只是一种主观感受罢了。事实上，由于酒精的影响，身体表面的血管会扩张，体温反而会下降。但是在过度饮酒的状态下，人是感觉不到体温下降的，这是因为负责感受寒冷的神经被酒精麻醉了。 ①喝热酒，体温会上升。 ②过度饮酒会使人体对寒冷的感觉更敏感。 ③酒精会促使血管收缩，从而使体温下降。 **④喝酒时，体温升高的感觉是一种错觉。** 喝热酒时，体温并不会上升，故①错；过度饮酒不会使人体对寒冷更敏感，故②错；酒精会促使血管扩张，体温反而会下降，故③错；故选④。

4 选择文章主题

第1组　P60

35	跨文化支援政策按照不同的主管部门可分为外国人政策、外籍工作者政策、跨文化家庭支援政策、结婚移民政策、子女政策等。由于体系混乱，重复现象时有发生，因而引发很多人的抱怨。长此以往，必定会造成资金浪费及政策有效性降低。应将各个部门主管的跨文化支援政策统一起来，最大程度地发挥各个部门的专业性，因而有必要设置独立的综合协调机构。 ①跨文化支援政策有很多严重的问题。 ②跨文化支援政策正在被有效地执行。 ③应分部门实施跨文化支援政策。 **④需要设立综合管理跨文化支援政策的机构。** 一般来说，要求选择主题的题目中，主题出现在最后的可能性比较大。本题中，材料前边说了政策有很多不足，最后一句中提出了解决之道，因而全文主题应选④。
36	有研究结果表明：只是看到志愿服务他人或做善事的人，也能提高我们体内对抗病毒的免疫水平。这种现象被命名为"特蕾莎现象"，借用的是终生都在为穷人奉献自己的特蕾莎修女的名字。特蕾莎现象指的是通过帮助他人产生的精神上、身体上及社会上的变化。分享与奉献不仅能给心灵带来满足感，对身体健康也很有好处。 ①特蕾莎现象是指在帮助别人的同时发生变化的过程。 ②奉献会让人的身体更健康，因此所有人都应该奉献自己。 **③分享与奉献不仅对身体健康很有好处，在精神方面也有很好的效果。** ④应该创建国际救援组织，使人们积极参与到奉献活动中。 材料讲了志愿服务的影响，最后一句总结了志愿服务有两方面的好处，因而选③。

37 人们购买并使用生活必需品时，如果不知道这些商品是什么时候被生产出来的，就很容易出现问题。特别是我们吃的食物，随着时间的流逝，很容易发生状态上的变化或腐烂。不仅是天然食品，即使是可以保存较长时间的加工产品，经过一定的时间后也会变质。因此，若想吃到安全的食品，我们有必要了解食品的生产日期及保质期。

①加工食品可以保存较长时间，因此保质期不那么重要。

②吃天然食品比吃保质期长的加工食品更安全。

③天然食品与保质期没有关系，任何时候都可以吃，所以十分方便。

❹如果不知道生产日期就很容易出现问题，所以应格外留意。

材料整体讲了生产日期和有效期的内容，最后一句进行了总结，因而选④。

38 换工是指在共同生活中，当一方需要人手时，其他人给予一定的帮助，日后当自己需要人手时，也可以得到相应帮助的风俗。在农村，主要在农忙时节，各家各户互相走动，互相帮助。换工并不计算劳动产生的价值，而是认为人们的劳动都具有相同的价值。因此只有女人、儿童、老人的家庭也可以和有充足劳动力的人家换工。换工可以集中分散的力量共同解决问题，是一种实用且人性化的方法。

❶换工是一种实用且人性化的方法。

②换工只能在农村施行。

③换工是基于彻底计算的思维方式而产生的。

④换工只会给劳动力不足的女人、儿童、老人带来益处。

材料整体上介绍了"换工"，其他选项都只是"换工"的一个方面，只有①是主题。

第2组　P61

35 "百读百习"是指读100遍，写100遍。坚持百读百习做学问的伟人中，最有名的当属世宗大王。与百读百习意思相似的另一个表达是"1万小时定律"。意思是要成为某个领域的世界级专家，需要花费1万小时。如果想要做成某事或做好某事，只要坚持"百读百习"或遵循"1万小时定律"，就一定会脱颖而出，取得成功。

①很多伟人坚持"百读百习"做学问。

②如果不能坚持"百读百习"，就很难达到最高水平。

③不管什么领域，只要花费1万小时，就一定会取得成功。

❹如果按"1万小时定律"和"百读百习"的标准努力，一定会取得成功。

材料前边介绍了两个成功的原则，最后一句总结，认为只要按这两个原则行事，一定会成功，因而选④。

36 光环效应是指通过对一个人的第一印象判断对方整体的品性及能力，或者只是通过某一方面，推测与其完全不相关的其他方面。这种不能正确认识对方、只是看到对方的一部分优点或缺点就着急下结论的做法是不可取的。不能被表面现象迷惑，也不要草率地做出判断或误解他人，我们需要看到对方的真实面貌，然后打开自己的内心。

①光环效应和真实情况都很重要。

②光环效应强调的是第一印象的重要性。

❸通过光环效应草率地对对方做出判断是不可取的。

④人们的第一印象十分重要，因此初次见面时应格外留意。

材料整体介绍了"光环效应"，并在最后指出了这一效应的不足之处，因而主题是③。

37	人类经过长时间的研究和不懈努力，最终研制出了智能手机。但是，研制出智能手机的人类却因为自己研制的机器而渐渐变傻。将来，有可能人类会比机器傻。虽然用智能手机及时查找信息非常方便，但是，投入时间学习真正需要的知识对自己也许更有益。
	❶用智能手机学习知识不好。　　　　②使用智能手机查找信息很方便。
	③经常使用智能手机对开发大脑有益。　　　④获取知识的最好方法是通过智能手机。
	材料整体讲了使用智能手机机可能带来的坏处，因而主题为①。
38	比起脑的大小，脑的结构更能决定头脑的好坏。举例来说，人类的大脑虽然比动物的小，但是却有大脑、小脑、间脑、中脑、脑干等更加复杂的结构。而且，各个部分都通过神经网紧密连接起来，因此人类比动物更聪明。智力下降的很多痴呆病患者中，有很大一部分是神经网受伤。
	❶智力由大脑结构决定。
	②动物的脑内连接网受损，所以智力较低。
	③神经网的连接越复杂，患痴呆症的风险越高。
	④人类的脑比动物的大，结构也更加复杂。
	材料整体讲了决定头脑好坏的不是脑的体积，而是内部结构，这一主题体现在第一句中，因而选①。选择主题类题目，虽然大部分情况下可以由最后一句得出答案，但也存在像本题这样的特殊情况，做题时要注意。

第 3 组　P63

35	现在，人们只要有想说的话，就会不假思索地立即掏出手机发到社交网站上。这些话大部分都没有经过推敲，因此社交网站上的很多内容是任何人都能说的话。这也正是为什么印在纸上的新闻显得更加有价值的原因。人们期待撰写报道的记者们不要写所有人都可以写的内容，而要写出真正应该写的内容。
	①网络新闻的质量下降了。
	②现在每个人都能像新闻记者一样很容易地写出文章。
	❸新闻记者应该仔细斟酌，写出好文章。
	④纸质新闻比网络新闻更加深入人心。
	材料整体上说了新闻记者的态度问题，因而由最后一句可知，主题为③。
36	以学生为对象进行的历史意识调查结果表明：学生们的历史意识非常淡薄。如何才能激发学生们对历史课的兴趣呢？要找到答案，首先应改变目前死记硬背式的学习方法，应该采取以主题为中心的学习方式。比如，通过讨论目前有争议的历史问题，以其核心焦点为中心进行学习。
	①学生们的历史意识淡薄是一个十分严重的问题。
	②学校应带头激发学生们学习历史的兴趣。
	③向学生们教授现在有争议的历史问题是十分危险的。
	❹为了增强学生们的历史意识，应以主题为中心学习历史。
	材料整体讲了当前学生们对历史课不感兴趣是因为学习方法不对，所以由最后一句可知主题为④。

37	很多人认为早睡早起对身体好，但事实上，12点以前睡还是12点以后睡并不重要。每个人的活动周期和生物钟都不一样，只要选择适合自己的时间即可。比起早睡，更重要的是不管何时睡，都应保持每天至少5个小时以上的充足睡眠。只有睡眠充足，才能休息好，补充精力。 ①早睡早起对身体好。 ②只有尽可能多睡才能休息好。 ③每个人的活动周期不同，睡眠时间也不同。 ❹在合适的时间进行充足的睡眠比早睡更重要。
	材料整体讲了比起传统印象中的"早睡早起"，每个人都遵循自身的生物节律，保证充足的睡眠才是最好的生活方式，所以，由倒数第二句可知主题为④。
38	很多专家们一再强调合成维生素的危险性。标识在维生素产品包装上的含量只是其最少含量，并不是其真正含量。事实上，维生素产品中各种成分的含量比包装上标识的要多。这是因为生产者考虑到随着时间的流逝，产品药效会降低，因此在生产时，会使产品中维生素的含量高于标准量。但是人体可吸收的维生素量是有限的，因此应注意。 ①服用维生素对身体好。 ②应该食用维生素含量高的产品。 ③随着时间的流逝，维生素产品的药效会降低，因此应该多吃。 ❹人体可以吸收的维生素量是有限的，因此应小心留意。
	材料整体讲了维生素产品外包装上标识的含量和实际含量是有差别的，因而由最后一句可知，主题为④。

5 选择适合填入框内句子的位置

第1组　P66

39	很多患有重启综合征的学生沉迷于充满暴力的电脑游戏，将现实世界与虚拟世界混淆在一起。（㉠）所以，即使他们犯罪了，他们也认为这只是一场游戏，即使意识到犯罪，也会觉得只要重启了就会好起来。（㉡）这种重启综合征是网络中毒的一种，主要发生在耐心不足、不关心他人、以自我为中心的孩子身上。（㉢）患了这种综合征的孩子，最大的特征就是一遇到不满意的人或事，就会轻易放弃，然后希望重新开始。而事实上，这显然是不可能的。（㉣）
	但是，现实社会跟他们想象的不同，是不可能重启的。
	①㉠　　　❷㉡　　　③㉢　　　④㉣
	所给句子以"그러나"开头，因而应接在与所给句子内容相反的句子后，故选②。
40	臭氧层可以阻挡太阳直射到地球上的强烈紫外线，从而保护地球上的生命。（㉠）破坏臭氧层的主要物质是氟利昂。（㉡）如果因为过度使用氟利昂而导致臭氧层被破坏，那么臭氧层就不能很好地吸收紫外线。这时，处于太阳直射下的地球就会逐渐变热。（㉢）这就是所谓的"温室效应"。在这种效应下，温室气体包围地球，并紧紧锁住太阳热量，即使在冬季，地球也好像处于温室中一样温暖。（㉣）
	这种物质没有味道，不易燃烧，主要用于空调、喷雾器、冰箱。
	①㉠　　　❷㉡　　　③㉢　　　④㉣

41	作为一个音乐指挥，最基本的工作是控制好乐队各个演奏员的节奏。（㉠）也就是要让演奏员们知道曲子的开始和结尾、快慢和强弱，并使各个部分和谐统一。（㉡）通常情况下，左手表示需要调节各个部分的声音或出现错误。（㉢）右手用于画出可以综合表示乐曲强弱、节拍及高低的图形。（㉣）
	指挥通过眼神、身体语言和手势向演奏员发出容易识别的信号。
	①㉠　　　　❷㉡　　　　③㉢　　　　④㉣
	材料中提到指挥的左手和右手具体表示什么意思，与此相比，所给句子相当于一个概括性的说明，因而应放于具体说明的内容之前，故选②。

第2组　P67

39	变色龙可以随周边环境的变化改变自己身体的颜色。（㉠）它们为什么要改变身体的颜色呢？（㉡）那是为了保护自己。（㉢）为了保护自己不被天敌发现，它们神不知鬼不觉地改变自己身体的颜色。（㉣）
	在草木茂盛的地方，它们的身体会变成绿色；处于石头缝里时，它们又变成了石头的颜色。
	❶㉠　　　　②㉡　　　　③㉢　　　　④㉣
	所给句子说的是变色龙会在不同的场景中变成不同的颜色，因而放于概括说明变色龙会变色的句子后最为恰当，故选①。
40	不以赚钱为目的的电影被称为"独立电影"。（㉠）这种电影的制作方独立于提供资金的制片方及发行方，因此被称为"独立电影"。（㉡）大部分独立电影带有制作人思想的烙印，常常会引起人们的思考。（㉢）其结果就是产生收益，这些收益被再次投资到独立电影中，如此循环才有了我们今天看到的多种多样的独立电影。（㉣）
	以前，这种独立电影虽然与票房有些距离，但是根据作品的不同，也会出现票房高的电影。
	①㉠　　　　②㉡　　　　❸㉢　　　　④㉣
	所给句子前半句和后半句意思上形成对比，因而很大可能是一句承上启下的句子，根据材料内容，放于说明具体收益的内容前比较自然，故选③。
41	皮格马利翁效应是一个心理学用语，来源于希腊神话中的雕塑家皮格马利翁。（㉠）雕塑家皮格马利翁雕刻了一尊美女像，之后竟爱上了自己的作品。（㉡）女神阿佛罗狄忒被他真诚的爱情所感动，就赋予这座美女雕像生命，并使他们结为夫妻。（㉢）皮格马利翁效应告诉人们，只要别人尊重你、期待你，并且你朝着别人期待的方向努力，那么最终你就会取得成功。（㉣）
	事实上，人们也做过很多关于皮格马利翁效应的实验，实验结果也证明了这一效应的正确性。
	①㉠　　　　②㉡　　　　③㉢　　　　❹㉣
	所给句子说的是皮格马利翁效应已经得到了证实，因而放于说明什么是皮格马利翁效应的内容后会比较自然，故选④。

第3组 P68

39

所谓零和游戏，是指参与各方的收益和损失相加为零的博弈。（㉠）也就是说，在总体利益一定的情况下，有人获益就必然有人受损。（㉡）也就是说一方得到的分数与另一方丢掉的分数相加正好为零。（㉢）最终赢家所得到的正是输家所失去的。（㉣）

> 如果以足球比赛为例，会更好理解。

①㉠   ❷㉡   ③㉢   ④㉣

所给句子说的是足球比赛的内容，因而放于与之相关的句子前会更加自然，故选②。

40

音乐三要素是指 melody、rhythm、harmony。翻译过来，melody 是旋律或者曲调，rhythm 是指节奏，harmony 是指和声。（㉠）和声是指两种以上的乐音同时发声时产生的和音，和音需要遵循特定的规则。（㉡）和声并不是所有音乐中都需要的。（㉢）事实上，世界很多地方的民谣中都是没有和声的。（㉣）

> 但是，世界上不存在没有旋律和节奏的音乐。

①㉠   ②㉡   ③㉢   ❹㉣

材料大部分内容说的是和声并不是一定要有的，所给句子说的是旋律和节奏是一定要有的，二者形成对比，因而放于④比较自然。

41

加拉帕戈斯综合征是指不能把握世界的动态，与外界隔绝，只是固守自己的东西，处于被孤立状态的现象。（㉠）借用这种状态产生的词便是"加拉帕戈斯综合征"。（㉡）代表性案例便是一度处于世界最高水平的日本电子产业，他们只专注于本国市场，结果导致竞争力下降，最终在世界市场上处于孤立状态。（㉢）现在也用于表示无法顺应世界市场趋势，陷入困境的状况。（㉣）

> 加拉帕戈斯群岛与陆地相距较远，因此岛上的物种独立进化。但后来随着与陆地的交流越来越频繁，新物种不断进入，使得免疫力十分低下的原有物种面临灭绝危机。

❶㉠   ②㉡   ③㉢   ④㉣

所给句子是对"加拉帕戈斯综合征"出处的说明，因而放于①比较自然。

6 选择语气＋选择内容相符项

第1组 P72

42
43

我自幼家境贫寒，高中毕业后便到国外打工。我的老板有两个读高中的女儿，每次看到我他都十分心疼。他经常对我说："我的孩子们在那么好的环境中学习，你却不得不远离父母兄弟，在异国他乡受这么多苦，真是太可怜了。"他也会经常给我买些水果、冰激凌和零食等。

过了一些日子，突然有一天房东告诉我房租涨了，如果我不同意，就得马上搬出去。于是，我变得无家可归了，这时老板向我伸出了援手，他说："<u>找到房子之前先在我家住吧。</u>"所以我跟老板的家人一起生活了几天。老板的女儿们比我小一点儿，她们对我十分亲切，把我当亲姐姐一样对待。常言道，父母是孩子最好的老师，正是因为老板对我这么好，老板娘和他们的女儿们也对我特别好。一直到我找到房子，我在老板家开心地住了几天。现在我虽然已经回国了，但每逢过节我都会给老板一家发邮件问候。

42. 请选择画线部分老板的语气。

①冷冰冰的   ②傲慢的   ③小心谨慎的   ❹亲切的

43. 请选择与文章内容相符的选项。

❶女孩回到家乡以后，也不时地与老板联系。

②老板对女孩像自己的大女儿一样，所以，女孩有姐姐脾气。

③女孩在留学期间遇到老板一家，并和他们建立了深厚的感情。

④女孩没有房子住，所以一直和老板一家住在一起。

> 42题，在作者最困难的时候，老板帮助了她，故选④。43题，老板对女孩像对待自己的女儿一样亲切，故②错；作者出国不是为了留学，而是为了工作，故③错；作者只是和老板一家住了几天，故④错；故选①。

第2组　P73

42
43

顺一的妈妈见过儿子一面后，对儿子的思念愈发深切。她每天都在集市上徘徊，东张西望。约定的三四天过去了，十五天过去了，一个月过去了，儿子始终没有出现。

这时，她唯一能相信并寄托思念的就只有那块石头了。她相信，只要那块石头还立在那里，就总有一天能与儿子相见，而且自己的病也许哪一天也能好起来。

"不管刮风下雨，都要不停地摸那块福石。"

她在人们熟睡的夜里，拖着沉重的病体，不停地抚摸福石。

但是这块福石好像没有刚开始那样灵验了。她觉得也许是因为自己只在夜里摸的原故。于是，从第二天开始，她在白天，也会趁着别人不注意的时候去摸。

但是白天想要躲开人们的视线是很困难的。有一天，她像往常一样，边抚摸石头，边祈求早日和儿子相见，但是这一幕被村里的人发现了。突然，她的身体被绳子缠住了，她一下子就从石头上掉了下来。她的小腿被绳子捆住了，像狗一样被拖走，她奋力挣扎，弄得浑身是血，昏了过去。后来好不容易醒过来了，睁开眼后却发现村子里的人们正在打水清洗石头。

42. 请选择画线部分母亲的心情。

①无情的　　　　　**❷恳切的**　　　　　③傲慢的　　　　　④浮躁的

43. 请选择与文章内容相符的选项。

①儿子在约定的时间跟妈妈见面了。

❷顺一的妈妈白天在福石上祈祷时出事了。

③顺一的妈妈只在晚上去福石上祈祷。

④顺一的妈妈为了自己的健康而在福石上祈祷。

> 42题，因为坚信抚摸福石不光能见到儿子，而且也能治好自己的病，所以母亲的心情是②。43题，儿子并没有在约定的时间出现，故①错；顺一的妈妈不只是晚上，白天也祈祷，故③错；祈祷的内容不只是自己的健康，也希望能见到儿子，故④错；故选②。

第3组　P74

42
43

"哥，好好生活。"

季燕睁着通红的双眼，不停地寻找承基最后的视线，向他道别。

承基好像突然被季燕的话惊醒似的，一下子从地板上站起来，惊慌失措地、摇摇晃晃地向季燕走去。突然又仿佛一下子清醒过来，像化石般一动不动，过了一会儿，他又呆呆地盯着季燕的脸。

"哥，好好生活。"

她又说了一遍，季燕通红的双眼中充满了期待，希望能从承基的脸上找到奇迹，但是承基只是呆坐在那里一动不动，紧攥着柳条。

季燕的脸变得通红，似乎已经忘了玉华和他的父亲还在看着她们，只是静静地凝视着承基。承基背靠着柳树，眼中似乎燃烧着火焰，但是一句话也没有说。

"哥，好好生活。"

留下这句话，季燕几乎要哭出来了，转身离去。在和煦的阳光下，在低垂的柳条间，在回声般阵阵的布谷鸟叫声中，承基只是呆呆地看着那绸缎衬衫渐行渐远。

42. 请选择画线部分季燕的语气。

❶ 依依不舍的　　②泰然自若的　　③心里美滋滋的　　④冷冰冰的

43. 请选择与文章内容相符的选项。

①承基梦见自己和季燕分手了。

❷ 承基没有挽留季燕。

③季燕因为离开承基，心里十分舒畅。

④季燕向承基告别一次后离开了。

---

42 题，季燕并不想和承基分手，因而语气应为①。43 题，承基并没有做梦，故①错；季燕的心里非常不舍，故③错；告别不是只有一次，而是好几次，故④错；故选②。

7 选择主题＋选择适合填入（　　）的一项

第 1 组　P76

44
45

了解了一个人的职业，也就理解了这个人的生活。如果知道一个人从事什么样的工作，就可以知道他什么时候会面临困难，什么时候会感觉到有意义，同时也就可以理解那个行业的人的生活。（比如）了解了百货店售货员的一天，我们就可以理解应对各种顾客时可能会遇到的麻烦。同样，如果了解了电视购物是怎样一个行业，就会理解（从业者的）喜怒哀乐，进而当接到电视购物打来的电话时（　　）。我们对别人的工作了解得越深，人与人之间就会变得越和谐。

44. 请选择文章主题。

①称赞与鼓励可以提高工作效率。

②职业不分贵贱。

③所有工作的人都有自己的喜怒哀乐。

❹ 如果了解了一个人的工作，就可以理解那个人的生活。

45. 请选择适合填入（　　）的一项。

①不会觉得愉快　　②不会觉得枯燥　　③不会觉得有意思　　**❹ 不会觉得让人不愉快**

---

44 题，材料主要说的是通过了解一个人的职业，进而理解一个人的生活，这一主题体现在第一句中，因而选④。45 题，一般来说，接到电视购物的推销电话，大多数人会不高兴，但在本题中，如果了解了电视购物这一行业，那么就会更加理解从事这个行业的人，进而会更加包容他们，因而选④。

44
45

虚荣效应（Snob Effect）是指，如果对某一特定产品的消费增加，那么需求就会降低；反之，如果消费这种商品的人减少了，那么需求反而会增加的现象。以所谓的"名牌一族"为例，只要一有新产品上市，他们就会马上购买，而随着产品的畅销，当有越来越多的人消费这一产品时，他们就不再有购买的欲望了，这时就会产生虚荣效应。很多人热衷于购买限量版产品，也是这个道理。为了迎合这种心理，很多名牌产品生产企业在期望增加销量的同时还承担着（　　）的重要责任。因此，名牌产品生产企业应人为减少供给，树立自己高高在上的品牌形象，同时应该让消费者明白，他们的产品并不是所有人都可以拥有的。

44. 请选择文章主题。

①名牌产品生产企业应尽可能多地提供新产品。

②名牌产品生产企业应该生产没人买得起的高价产品。

③名牌产品生产企业应多提供产品满足消费者需求。

❹**名牌产品生产企业应以虚荣效应为基础，减少供给量，树立品牌形象。**

45. 请选择适合填入（　　）的一项。

①应提高售价　　　　　　　　　　❷**维持产品稀缺性**

③必须只生产面向名牌一族的产品　④满足日益增长的需求

44 题，主要讲了名牌产品生产企业应利用虚荣效应的内容，很多情况下，主题会体现在含有 "따라서 ~ -아/어야 하다" 的句子中，本题就是如此，故选④。45 题，从后句 "공급을 인위적으로 줄여서" 可以反推出选②。

44
45

不知从何时开始，大企业已经超越了只是满足顾客需求的阶段，开始追求感动顾客。消费者们得到（　　）会被感动。当连自己都忘掉的纪念日被恋人用心准备时，当朋友们送上自己最需要的东西做礼物时，人们都会被感动。这种感动原本是一种个人感受，但随着经济的发展，感动逐渐成为一种营销手段。在这种营销之下，（产品已经）超越了（单纯的）买卖，企业们为消费者提供了恋人或家人般的感动。但在此背后，却有一群承受极大压力的 "情感员工"。希望消费者们能理解这些情感员工的困难，推掉没有用处的感动。

44. 请选择文章主题。

①应该细心留意，使朋友或恋人感动。

②企业与消费者的关系应该只停留在一手交钱一手交货的层面上。

③企业应努力使消费者不仅满意，而且感动。

❹**消费者应该理解情感员工的困难，放弃一些没有用处的感动。**

45. 请选择适合填入（　　）的一项。

①个人感受时　　　　　　　　　　②昂贵礼物时

❸**悉心关怀时**　　　　　　　　　④非常需要的礼物时

44 题，主要讲了因企业的 "感动营销" 而承受巨大压力的 "情感员工" 的内容，前边的内容都是为了最后提出主题做的铺垫，主题体现在最后一句，故选④。45 题，由材料整体可知，"感动" 的实质是 "关怀"，故选③。

8 选择适合填入框内句子的位置＋选择内容相符项

第1组　P81

46
47

现代科技发展非常迅猛，出现了许多新兴行业，同时一些原有行业退出历史舞台，这个过程往往伴随着失业。(㉠)随着电脑的普及，操作手动打字机的职业消失了；随着拍照手机和数码相机的普及，生产胶卷的企业破产了，胶卷公司的员工们随之失业。(㉡)由于这种结构性失业，今后的产业结构将以更快的速度发生变化，很多人会在自己的职业生涯中多次换工作。(㉢)为了减少结构性失业，虽然可以采取单纯扩大消费或增加企业投资等间接措施，但更有效的直接措施是实施通过再就业培训等提高失业人员再就业能力的政策。(㉣)

46. 请选择适合填入以下框内句子的位置。

> 像这样由于技术升级造成产业结构发生变化而导致的失业被称为"结构性失业"。

①㉠　　　　❷㉡　　　　③㉢　　　　④㉣

47. 请选择与文章内容相符的选项。

①胶卷制造企业的倒下仅仅是由于智能手机的发展。

②随着电脑的普及，出现了很多新兴行业，减少了失业人数。

③为了减少结构性失业，最重要的是扩大消费。

❹随着科技的发展，出现了很多新兴行业，也有很多行业退出历史舞台。

46题，所给句子是对"结构性失业"的定义，同时以"이처럼"开头，因而其前边应该有对结构性失业的具体描述，故选②。47题，导致胶卷制造企业倒闭的因素除了手机的进步，还包括数码相机的发展，故①错；电脑普及后，打字员这一行业消失了，反而增加了失业人数，故②错；为了减少结构性失业，最重要的是实施再就业培训，故③错；故选④。

第2组　P82

46
47

广场恐惧症是各种恐惧症中最严重也是破坏性最强的一种。当人站在空旷又看不到边的广场中央时，会想要离开，但却无法寻求他人的帮助，又无法处理紧急情况，这时就会产生焦虑。广场恐惧症就是根据这一象征意义而得名的。(㉠)事实上，在行驶的公交车、地铁上，在隧道里及大桥、高速公路上，以及人多的大型卖场里，或需要排队及等待等无法快速离开的环境中，人经常会出现不舒服、紧张不安等症状。(㉡)这些症状通过平时的诊断、体检及心理咨询是检查不出来的，而且精神上只是偶尔会感受到异常。(㉢)但是如果这些症状长期存在，并且程度不断加深，那么就会给人们的生活带来很多问题，因此最好去精神科仔细说明症状，并接受检查。(㉣)

46. 请选择适合填入以下框内句子的位置。

> 因此，很多情况下即使去医院，也检查不出来。

①㉠　　　　②㉡　　　　❸㉢　　　　④㉣

47. 请选择与文章内容相符的选项。

①广场恐惧症是各种恐惧症中最严重的，是无法治愈的。

②只要出现一点儿广场恐惧症的症状，就一定要去医院。

③平时通过心理检查或身体检查，可以很容易检查出是否患有广场恐惧症。

❹在人员比较密集的地方感到不舒服或不安时，应警惕是否患上广场恐惧症。

第3组　P83

46
47

随着小家庭化和女性更深入参与社会活动等社会环境的变化，家庭赡养老人的能力正在弱化。（㉠）此外，越来越多的老年人具有一定的经济能力，比起依靠子女，他们更倾向于享受独立的生活。老年人的这种消费模式以及价值观的改变今后还会加速。这也成为银色营销（以老年人为对象的营销）的基础。（㉡）另外，保障老年生活的积蓄增加了，国民养老金也增加了，这些都使得老年人的收入得到保障。随着个人主义影响的不断扩大，老年人为自己积极消费的倾向也不断加强。（㉢）老年人已经成为消费主体，他们喜欢的产品一般是满足他们追求青春与健康的产品；比起物质性商品，他们更喜欢满足时间消费需求的休闲、旅游类产品；有些老年人行动不便，（针对老年人的产品）还应尽可能为他们提供便利。（㉣）

46. 请选择适合填入以下框内句子的位置。

> 此外，政府应该为发展银色产业（针对老年人的产业）而增加老年人福利预算，另一方面也应加强对银色产业的政策支持。

①㉠　　　　　②㉡　　　　　③㉢　　　　　**❹㉣**

47. 请选择与文章内容相符的选项。

①老年人的价值观过去与现在没有什么不同。

②老年人很少为自己消费。

③老年人与年轻人喜欢的商品没有什么不同。

④政府应不遗余力地支持银色产业。

9 选择写作目的＋选择适合填入（　　）的一项＋选择作者态度

第1组　P86

48
49
50

岁末年初，表示邻里互助募捐活动进行状态的"爱的温度计"，前天已经超过了100度。这个温度计设在光化门广场，捐款每超过募捐目标的1%，温度计温度就会上升1度。昨天捐款数额已经超过3277亿韩元，温度计的温度达到了105.4度，这是自1999年开展这一活动以来，历年最大的捐款数额。捐款增加的主要原因是个人捐款比例增大，今年个人捐款的比例增加了将近10%。在这种情况下，小额捐款积少成多。（这些个人捐赠者中有）修鞋匠将每次收入的10%攒了一年，共计82万韩元；以卖废纸为生的低保人员打破存钱罐，拿出了28万韩元；一对残疾夫妇将省吃俭用存下的30万韩元全部捐了出来。

普通人的积少成多感动了整个社会。现在，我们生活在一个（　　）的竞争激烈的社会中。在经济低迷的情况下，人们也许认为钱是最重要的。<u>但是，在现实中，"大家共同生活在一起"是支撑社会的基础价值观，如果"只要我自己过得好就行了"的思潮抬头，那么，我们绝对不能忽视其对社会基础价值观的冲击。</u>

48. 请选择作者的写作目的。

①为了介绍个人捐赠的方法　　　　　　②告知邻里之间的各种善举

❸为了强调共同体的共存价值　　　　④为了说明邻里互助捐款增加的原因

49. 请选择适合填入（　　）的一项。

①公民们互帮互助　　　　　　　　　　②只要努力，总有一天能成功

③小钱攒多了就会变成大钱　　　　　**❹公民和贫困人群的生活越来越困难**

50. 请选择画线部分表达的作者态度。

①拥护个人主义倾向强烈的现代人。　　②强调在竞争激烈的社会中个人的竞争力。

❸担忧共存价值正在崩塌的共同体。　④批判只强调共同体价值的现实。

> 48 题，由最后一句可知，作者的写作目的是③。49 题，材料整体讲了募捐的事，而募捐的目的就是因为当前还有很多生活困难的人，因而综合全文可知，应选④。50 题，标示部分体现了作者对共同体价值观崩塌的担忧，故选③。

第 2 组　P87

48
49
50

发达国家使用的相当一部分产品是从发展中国家进口的，这是因为发达国家制造商在与发展中国家的竞争中放弃了生产，或是为了追求更高的利润而把生产设备转移到（　　）发展中国家。这就相当于发达国家把自己的温室气体排放口转移到了发展中国家。

从贸易流向来看，从富国流向穷国的多是服务或技术密集型产品。反方向流动的则是在制造过程中需要消耗大量能源、产生大量有害物质的商品。正是这种贸易结构使得发展中国家的温室气体排放量急剧增加，而发达国家的排放量增加并不明显。

许多进步的研究者或活动家指出：发达国家向发展中国家的这种"碳转移"实际上是一种"洗碳"行为。<u>这种把明明并不环保的企业或产品改头换面成环保的"绿色清洗"与将非法资金转变为合法经营所得的"洗钱"是一样的道理。发达国家的政府和消费者们应该一起为发展中国家激增的温室气体承担责任，出谋划策。</u>

48. 请选择作者的写作目的。

①为了说明发达国家与发展中国家的贸易结构。

②为了比较发达国家与发展中国家的温室气体排放量。

③为了说明发达国家与发展中国家（产品）制造过程的差别。

❹为了说明发展中国家温室气体排放量激增的原因。

49. 请选择适合填入（　　）的一项。

①人力成本高，没有环保限制的　　　　②人力成本低，环保限制严格的

③人力成本高，环保限制严格的　　　　**❹人力成本低，环保限制宽松的**

50. 请选择画线部分表达的作者态度。

❶批判进行碳转移的发达国家。　　　②担心温室气体排放量激增的发展中国家。

③拥护不增加温室气体排放量的发达国家。　④强调保护环境的绿色产业的重要性。

第 3 组　P88

48
49
50

决定是否对媒体播放内容进行处罚的是放送通信审议委员会（简称"放通审议委"），但现在委员会通过委员全体一致同意决定案件处理意见的情况骤减，而通过少数服从多数原则决定处理意见的情况却激增。去年放通审议委处理的 1083 件案件中，有 479 件不是经过全体同意，而是通过少数服从多数原则决定处理意见，这一比例高达 44.2%。6 年间，通过少数服从多数原则决定处理意见的案件占比增加了 63 倍，而通过全员同意决定处理意见的案件所占比例则降低了 50%。放通审议委作为民间独立机构，标榜自己采用的是委员们全体协商决定处理意见的"合议制"。尽管如此，通过少数服从多数原则决定处理意见的情况却不断增加。<u>这是因为这一委员会组成人员中，执政党与在野党分别推荐了 6 人和 3 人。</u>因此，为了体现合议制精神，应该改变现在（　　）的结构。去年放通审议委提出了"关于放送通信审议委员会的设置与运营的相关法律的修正案"，内容包括执政党与在野党各推荐 4 名委员，剩余 1 名由执政党与在野党共同推荐。

48. 请选择作者的写作目的。

❶ 为了指出放通审议委委员构成上的问题。

② 为了说明放通审议委处理案件的过程。

③ 为了说明放通审议委的设置及运营特性。

④ 为了对比放通审议委案件处理方法的不同。

49. 请选择适合填入（　　）的一项。

① 所有人的意见完全一致　　　　　　② 政治上少数人的意见可以得到尊重

③ 难以接受很多人的意见　　　　　　❹ 方便贯彻政治上多数人的意见

50. 请选择画线部分表达的作者态度。

❶ 强调执政党与在野党推荐制度中比例的重要性。

② 批判由执政党与在野党协商形成的结构。

③ 支持放通审议委现在的人员构成。

④ 对全员合议原则比重降低表示欢迎。

模拟试题1

1	2	3	4	5	6	7	8	9	10
2分	2分	2分	2分	2分	2分	2分	2分	2分	2分
①	②	③	①	②	③	④	②	③	②
11	12	13	14	15	16	17	18	19	20
2分	2分	2分	2分	2分	2分	2分	2分	2分	2分
④	③	②	②	①	④	②	③	③	①
21	22	23	24	25	26	27	28	29	30
2分	2分	2分	2分	2分	2分	2分	2分	2分	2分
④	③	④	①	①	②	④	②	③	②
31	32	33	34	35	36	37	38	39	40
2分	2分	2分	2分	2分	2分	2分	2分	2分	2分
②	②	①	④	③	④	④	④	④	②
41	42	43	44	45	46	47	48	49	50
2分	2分	2分	2分	2分	2分	2分	2分	2分	2分
①	②	③	③	④	④	③	③	①	④

1	都说儿子（　　　）没用，好像真是那样。 **❶养大后……就……**　②为了照顾　③照顾着照顾着……就……　④养了以后才发现 "아 / 어 봤자" 表示无论怎样努力做前句动作，都无法达到预期效果。
2	昨天下雪了，天气（　　　），今天天气好多了。 ①只有很冷才……　**❷虽然很冷**　③到底冷不冷　④即使很冷 "어제" 和 "오늘" 后都使用了 "은 / 는"，这里表示强调对比，也就是表示强调昨天和今天的天气不同。"던데" 含有在自身经验的基础上，表示前后形成对照之意。
3	由于突然下雪，造成堵车，没办法，上班迟到了。 ①因为是雪　②因为是雪　**❸因为雪**　④不光是因为雪 눈 때문에 ≈ 눈으로 인해
4	我打算一拿到下个月的零花钱就去买一套漂亮衣服。 **❶一拿到**　②拿到多少　③因为拿到　④不光拿到 받자마자 ≈ 얻는 대로 용돈을 얻다 / 타다 / 받다 拿零花钱
5	都市中一片宁静的休息之处，免费提供早餐 ①饭店　**❷酒店**　③公园　④汗蒸房 由 "휴식처" "조식도 무료로 드립니다" 可知，这是关于 "酒店" 的内容。

6	"永不破灭的希望" 伟大的作品终于面世了！ 讲述穷人间的人间大爱 呈现超越小说原著的华丽舞台（效果），期待各位的到来！			
	①书	②电影	❸演出	④书店

由 "위대한 작품" "소설의 원작을 뛰어넘은 웅장하고 아름다운 무대" 可知，这是关于 "演出" 的内容。

7	请站成两队，保持间隔。 抓住扶手会更安全。 走动或奔跑会非常危险。			
	①楼梯	②汽车	③自行车	❹自动扶梯

由材料整体内容可知，这是关于 "自动扶梯" 的内容。

8	"希望"暖炕，度过温暖的冬天 现在仍有人住在没有取暖设备的房子里。 大家一点儿小小的帮助，将会使房里的温度上升1度。			
	①季节	❷捐赠	③修理	④公寓

由 "여러분들의 작은 도움" 可知，这是关于 "捐赠" 的内容。

9	跨文化家庭迎春节活动 跨文化家庭支援中心为迎接我们的传统节日——春节， 特举办跨文化家庭迎春节活动。 日期：1月21日（周二）10：00—16：00 地点：跨文化中心礼堂 内容：包水饺，写对联，制作愿望念珠（提供午餐和纪念品） 人员：结婚移民家庭（3人以上）按照先后顺序，取前60名 申请：中心4层办公室	
	①最好带午餐过去。	②只有丈夫和妻子两人可以参加活动。
	❸参加活动需要提前申请。	④想参加活动的人在活动当天去中心办公室即可。

活动提供午餐，故①错；活动要以3人以上家庭为单位参加，故②错；参加活动要去跨文化中心礼堂，而不是办公室，故④错；故选③。

10	各年度最低工资·增长率
	增长率（%） 最低工资（韩元） ①最低工资增长率自2004年起持续加大。 ❷2014年，最低工资第一次突破5000韩元。 ③最低工资增长率最高的年份是2014年。 ④2010年的最低工资及最低工资增长率最低。

最低工资增长率并不是持续加大的，而是有增有减，故①错；最低工资增长率最高的年份不是2014年，而是2005年，故③错；2010年的最低工资增长率是最低的，但最低工资数额最低的年份是2004年，故④错；故选②。

11	在持续闷热的夜晚（夜晚最低气温25℃以上），很多人无法入睡。这时，与其在床上辗转反侧，不如起床读点儿书或做些轻松的活动，等困意袭来时再睡觉。此外，上床前如能做些简单的运动，对睡眠会十分有帮助。洗澡时最好用温水，而不是凉水。这是因为用凉水洗澡会使肌肉紧张，反而使体温上升。 ①睡不着时最好做些剧烈运动，使身体疲劳。 ②为了睡眠，最好每天做些轻松的活动并洗澡。 ③凉水洗澡会使肌肉紧张，使体温降低，因此最好避免。 **❹无法入睡时，最好下床做些轻松的活动。**
	睡不着时最好做些轻松的活动，会有助于睡眠，故①错；②未提及；凉水洗澡会使体温上升，故③错；故选④。
12	我偶尔会和妻子一起去看话剧或音乐剧，但事实上大部分演出是为二三十岁的年轻人准备的。（来观看这次演出的）大部分观众虽然也是那个年龄段的，但这次却是男女老少都能乐在其中、产生共鸣的演出。乍一看名称，我还以为和其他演出一样，讲的是年轻人的爱情故事，但事实上却是一个家庭的故事，讲的是父母与子女的矛盾、理解和关爱。观看的过程中，有时会感动得落泪，有时也会忍不住哈哈大笑。 ①观众们看演出时一直在笑。 ②比起孩子们，这次的演出更适合大人观看。 **❸这次的演出不论男女，所有人都会喜欢。** ④最近有很多夫妇经常去剧场看话剧或音乐剧。
	看演出时，有时会哭，有时会笑，故①错；这次演出适合各个年龄段的人观看，故②错；④未提及；故选③。
13	（가）据说在介绍自己的名字时，先说姓氏，稍微停顿一会儿后，再说名字，更容易被人接受。 （나）递名片时，要站起来，边介绍自己边递名片比较有礼貌。 （다）接名片时应该站起来，边接名片边确认。 （라）不管是在职场中，还是在个人生活中，通常情况下与他人见面的第一件事就是交换名片。 ①　　　　　❷　　　　　③　　　　　④
	"라"提出了一般性的事实，因而是第一句；材料主体说的是交换名片的事，因而接下来按交换名片的一般顺序排列是最自然的，"나"和"가"说的都是"递名片"时的注意事项，同时，"가"是对"나"的进一步说明；"다"说的是"接名片"时的注意事项；故选②。
14	（가）万一被水母蜇到，应尽快用醋或海水冲洗伤口，并在毒素扩散前（将毒）刮出。 （나）这是因为用淡水冲洗伤口时，毒素有可能会在体内扩散。 （다）被水母蜇到时，千万不能用自来水或矿泉水等淡水冲洗。 （라）另外，如果水母毒性很强，应该在紧急处理后尽快去医院接受治疗。 ①　　　　　❷　　　　　③　　　　　④
	"다"提出了一般性的事实，因而是第一句；"나"说明了前一句的原因；"가"提出了正确的处理方法；"라"则在前边内容的基础上进行了补充说明；故选②。

15	（가）但是有的垃圾既不能被掩埋或焚烧，也不能循环再利用。
	（나）通常情况下，人们会对垃圾进行掩埋或焚烧处理，有时也会对垃圾进行分类回收和循环利用。
	（다）为了减少这种垃圾，应该从日常生活做起，减少垃圾的产生，培养少使用一次性产品的习惯。
	（라）在选择物品时，最好选择使用可回收材料制作的物品。
	❶ ② ③ ④
	"나"提出了一般性的事实，因而是第一句；"가"是在一般性前提下出现的例外；"다"提出了对策；"라"是对前文的进一步深化；故选①。
16	早餐对我们的健康十分重要，因此应保证摄入均衡的营养。这是因为我们在睡眠中会消耗很多能量，如果不吃早餐，上午就会能量不足，进而造成午餐和晚餐时暴饮暴食，最终使肥胖、心脏病等疾病的发病率大大提高。另外，早餐也会左右当天的心情。因此，吃早餐（ ）。
	①可以使人不生病，所以应该吃
	②对身体健康影响最大，所以吃早餐很重要
	③会使人一天都不消耗能量，所以要好好吃
	❹不仅是为了身体健康，也是为了当天的好心情，因而要好好吃
	"따라서"表明括号所在句是对前文内容的总结，综合全文来看，应选④。
17	所谓自主学习是指学习者在学习过程中，自主制订计划。在全球化的当下，比起掌握很多知识，合理利用已有知识，并以此为基础（ ）。而这种创新型人才不是通过被动学习，而是通过主动学习培养出来的。
	①培养积累更多知识的人才 ❷更需要能创造新知识的人才
	③寻找可以区分不同知识的人才 ④需要能选择最有用知识的人才
	由括号后的内容可知，括号中应该填入与后文意义相当的内容，后句中提到了"창의력을 가진 인재"，由此可知，应选②。
18	20到30岁是很容易打破收支平衡的时期，也是保持这种平衡最适合的时期。保持收支平衡意味着建立当前与未来生活间的平衡。如果现在增加支出，那么就会对将来的生活产生消极影响；相反，如果现在增加储蓄，（ ）。
	①不论遇到什么情况，未来都会对现在的生活有帮助
	②不仅对现在，对将来也会产生积极的影响
	❸虽然现在过得稍微困难些，但对将来会很有帮助
	④即使现在过得很好，也会对未来产生消极影响
	括号所在句中的"반면에"表明后半句与前半句内容相反，综合全文可知，应选③。
19 20	感冒时，日本人会喝热清酒，韩国人会喝烧酒，俄罗斯人会喝伏特加，据说可以治愈，但这些都是错误的民间疗法。（ ）饮酒过量，会引发炎症和脱水，反而会妨碍感冒的治疗。感冒时身体会发热，因此，最好是喝热饮，并好好休息。
	19.请选择适合填入（ ）里的一项。
	①到底 ②最终 ❸相反 ④不知怎的

20. 请选出与短文内容相符的一项。

❶感冒时应该休息。

②多喝酒有助于治疗感冒。

③对于治疗感冒有效的酒，在所有国家都是一样的。

④认为酒有助于治疗感冒的民间疗法直到现在也依然有效。

19 题，括号前说不同国家的人感冒时都会喝酒，括号后的内容是饮酒过量带来的危害，二者形成对比，所以应选择表示"转折"之意的③。20 题，多喝酒对治疗感冒并没有太多积极的作用，故②错；不同国家的人在感冒时会喝不同的酒，故③错；材料中明确提到所谓"喝酒治感冒"的民间疗法是不对的，故④错；故选①。

21 22	从事哪种工作好呢？是选择人气高的工作呢，还是选择赚钱多的工作呢？其实这两种都不是，适合自己的工作或者自己喜欢的工作才是最好的。如果从事一份完全不适合自己的工作，那么中途放弃或后悔的事（　　）。所以，找工作时应以自己喜欢的工作为标准，并为了找到这样的工作而努力，最终一定能找到适合自己的好工作。 21. 请选择适合填入（　　）里的一项。 ①干着急　　　　②绞尽脑汁　　　　③加重负担　　　　**❹显而易见** 22. 请选择本文的中心思想。 ①所有人都喜欢的工作才是最好的。　　②比起只从事一种工作，从事不同种类的 　　　　　　　　　　　　　　　　　　　　工作更好。 **❸找工作时应该选择适合自己的工作。**　④为了择业，应深入了解自己的性格。

21 题，从前后文可知，括号内应填入表示"明显"的内容，故选④。22 题，材料整体说的是找工作要找适合自己的，这一中心思想体现在最后一句中，故选③。

23 24	这件事发生在上课铃响后不久。坐在我后面的同学突然用脚踢我的椅子。我心情不好，于是说："干吗踢我的椅子啊？"听到我的话后，同学好像不明白我的意思似的，十分惊讶地盯着我。过了一会儿，又开始晃我的椅子。我十分生气，就在我转头的瞬间，教室里所有的桌椅都剧烈晃动起来。老师和同学们惊慌失措，不知如何是好。突然教室外面传来"地震了，地震了"的声音，然后，我也不知道自己是如何跑出教室的。街上的人都在哭喊着，寻找自己的亲人。<u>我给父母打了电话，但是没人接听。我不停地往家跑，路上，眼泪不自觉地流了出来。</u> 23. 请选择画线部分体现出的作者心情。 ①不停地跑，很累。　　　　　　　　　②被同学捉弄，很生气。 ③家人没给他打电话，他很生气。　　　**❹担心家人出事。** 24. 请选出与短文内容相符的一项。 **❶上课时地震了。** ②地震了，我躲在学校里。 ③我的家人由于地震而受到伤害。 ④坐在我后面的同学一直踢我的椅子。

23 题，遇到地震后，作者自己暂时安全了，但和家人联系不上，因而非常担心家人的安全，故选④。24 题，地震发生后，作者并没有一直待在学校里，而是开始往家跑，故②错；③未提及；坐在作者后面的同学并没有踢作者的椅子，故④错；故选①。

25	20 日全国大雪……上班注意
	❶20 日全国范围内将有大雪，上班时交通可能会很拥堵。
	②全国将会出现 20 天的降雪，因此上班路况不会很好。
	③尽管 20 日全国范围内出现大雪，但是上班时段交通没什么问题。
	④尽管 20 日全国范围内出现大雪，但是没有人自驾上班，因此（路上）空荡荡的。
	核心词是 "전국에 큰 눈（全国大雪）" 和 "출근길 비상（上班路况不同以往）"，因而标题整体意思为①。
26	20 岁左右的劳动人口，9 年间减少 82 万……今年的雇佣也同样 "黑暗"
	①20 多岁年轻人的经济活动参与率提高，所以今年的招聘情况十分乐观。
	❷20 多岁年轻人的经济活动参与率时隔 9 年大幅度下跌，今年的招聘情况不容乐观。
	③20 岁左右的青年劳动人口 9 年间持续增加，所以今年的招聘前景光明。
	④20 岁左右的青年劳动人口连续 9 年减少，今年壮年阶层的就业前景不容乐观。
	核心词是 "20 대 9 년 새 82 만 명 감소（20 岁左右人口，9 年间减少 82 万）" 和 "고용 암울（雇佣黑暗）"，因而标题整体意思为②。
	새【名】一段时间
27	《舞之传说》作者金秀艳，将带着恐怖题材作品重返房间里的剧场（电视）
	①《舞之传说》作者金秀艳将出演恐怖电影。
	②《舞之传说》作者金秀艳转型为恐怖电影编剧。
	③《舞之传说》作者金秀艳将成为电视剧演员。
	❹《舞之传说》作者金秀艳本次将推出恐怖电视剧。
	核心词是 "안방극장（房间剧场）" 和 "복귀（回归）"，"안방극장（房间剧场）" 也是 "电视" 的另一种说法，因而标题整体意思为④。
28	在韩国，音乐剧《希腊》被称为 "NO.1 音乐剧"，一直广受人们的喜爱。自 2003 年正式演出以来，2013 年迎来了在韩国演出 10 周年的日子。在韩国演出的 10 年间，平均上座率超过 90%，创造了（　　）票房神话。另外，音乐剧《希腊》也培养出了很多能代表韩国（最高水平）的明星。
	①马上结束的　　　❷停不下来的　　　③重新开始的　　　④不断售罄的
	由括号前一句可知，这部音乐剧一直在上演，故选②。
29	主妇们最（　　）的一种东西就是厨余垃圾。只要稍微懈怠，就会产生刺鼻的气味，让人不得不皱紧眉头。汤水滴滴答答往外流，把厨房弄脏的事情也时有发生。但厨余垃圾不可避免，所以只能是掌握一些可以方便处理的方法。
	①使人满意的　　　②让人觉得枯燥的　　　❸让人讨厌的　　　④让人勤快的
	材料主要讲了厨余垃圾的坏处，厨余垃圾很让人讨厌，故选③。
30	如果空调得不到彻底清洁，不仅会产生难闻的气味，而且会让人很容易患上呼吸系统疾病。使用了一个夏天的空调在冬天更应该好好管理。这是因为如果不能彻底清洁，空调内部就会积累很多灰尘，从而滋生细菌和霉菌。尤其是在空调发挥主要作用的夏天，虽然我们一直注重对空调的清洁，但是在冬天，（空调）几乎（　　　）。所以冬季对空调的管理就显得更加重要。
	①被立起　　　❷被搁置起来　　　③被空出来　　　④花费心思
	材料主要说的是关于空调清洁的事，空调主要在夏天用，因而括号中应填入②。

31	雪后的寺庙是个能和雪一起让人的内心平静下来的地方。国立公园也推荐了一些寺庙，即使是（登山）新手也能轻松到达，并观赏美丽的雪景。如果觉得为了赏雪而冒着严寒爬上下满雪的山让人觉得有负担，那么可以在寺庙周围欣赏雪景。在寺庙赏雪最大的优势就是（　　）。因为无论是谁都能十分方便地观赏到美丽的雪景，所以吸引了很多家庭。 ①几乎没有平缓的斜坡　　　　　　　❷都是几乎没有坡度的平地 ③几乎没什么人，十分安静　　　　　④坡度很大，十分刺激
	材料主要说的是在寺庙赏雪的事，前半部分提到爬山可能会让人觉得有负担，因而括号中应填入与此相反的内容，故选②。
32	通过消费，我们的生活变得日益丰富多彩且便利，但是地球也变得伤痕累累。现在是时候开始理性消费了，这种消费虽然不会马上带来收益，而且偶尔也会有不便或是比较昂贵，但是却对环境和未来有帮助。一件商品不管价格多么昂贵、质量多么好，如果不用就是垃圾。最明智的做法是不购买不必要的产品，如果确实需要，也要仔细想好，购买质量好、可以长期使用的产品。 ①为了保护环境，不能买昂贵的产品。 ❷我们的生活越便利，地球出现的问题就越多。 ③即使价格有些贵，只要有好处，就是理性消费。 ④明智的消费是购买昂贵且可以长时间使用的产品。
	保护环境和产品价格之间并没有直接的联系，故①错；理性消费或明智的消费是指购买商品时考虑到保护环境，与价格并没有直接关系，故③④错；故选②。
33	为了减轻食物垃圾产生的负担，最简便的办法就是只购买需要的东西，并减少食物垃圾的产生。为此，应该将食物与材料分类放置在冰箱的不同位置，并（把这些信息）记到纸上，（把纸）贴在冰箱上。此外，还应该定期打扫、整理冰箱，减少角落里没用的或需要长期保存的食物。 ❶只购买必需品就可以减少食物垃圾。 ②如果与卜冰箱里都有什么食物，就可以把冰箱整理好。 ③如果将食物长期保存在冰箱里，就可以减少食物垃圾。 ④如果想只购买必需品，就应该养成买东西之前做备忘的习惯。
	写下冰箱里都有什么食物有助于减少食物垃圾，和整理冰箱没有直接关系，故②错；将食物长期保存在冰箱里并不能减少食物垃圾，故③错；④未提及；故选①。
34	寒冷的冬季，很多冰钓爱好者会到湖边和江边。北极的冷空气南下到朝鲜半岛上空，虽然气温已低至零下，但是冰钓爱好者们还是全副武装，不断地寻找冰窟。下至走路还不稳的孩子，上至八旬老人，他们完全沉醉于冰钓的乐趣中。周末时，每天都会有一百多名钓鱼者来到江原道和京畿道中北部的江边、湖边，多的时候甚至达到15万人。 ①在寒冷的冬季，人们只会在结冰的湖上及江上垂钓。 ②钓鱼爱好者们虽然穿着单薄的衣服，但是完全沉醉在钓鱼的乐趣中，因此感觉不到冷。 ③只有上了年纪的人才喜欢冰钓，孩子们并不喜欢。 ❹为了享受冰钓的乐趣，每个周末都会有很多人到江边或湖边。
	①未提及；冰钓爱好者们都是全副武装的，故②错；孩子们也喜欢冰钓，故③错；故选④。

35	在韩国，有过食物过敏经历的人竟然占到总人口的25%。食物过敏虽然有时只产生轻微的副作用，并且可以克服，但严重时也会使人丧命。因此，患有过敏症的人在饭店或卖场挑选食物时，要格外小心。从2003年开始，韩国规定必须在加工食品的外包装上标明易引发过敏的成分，但是普通餐厅制作并出售的食品却并不需要标明成分。因此，过敏症患者外出就餐时，非常令人担心。 ①患有食物过敏症的人越来越多。 ②食物过敏会对生命造成威胁，是十分危险的疾病。 ❸为了确保人们安心食用，所有食品都应标明成分。 ④即使标明了易引发过敏的成分，也不能有效预防过敏。
	材料整体说了易过敏人群购买食物及外出就餐时要特别留意，因而材料主题选③。
36	最近，儿童电动车在父母中非常受欢迎，越来越多的人热衷于改装（儿童电动车），网络上有相同爱好的人达到了1万名。他们不光对电动车的外观进行装饰，还会改进电动车的性能。但是，由于是儿童专用产品，所以只有改装以后，才能知道需要改装多少，但根据改装程度的不同，通常情况下，大部分电动车的时速都会超过安全标准规定的每小时8公里，最高时速甚至能达到每小时30公里。电动车改装稍有不慎，就会引起漏电甚至火灾，如果行驶速度过快，也容易发生事故。 ①在父母中很流行儿童电动车。 ②喜欢改装儿童电动车的人数在不断增加。 ③为了孩子，应该改装电动车。 ❹改装电动车时，稍有不慎就会对孩子的安全构成威胁。
	材料整体介绍了关于儿童电动车改装可能带来的隐患。选择主题的题目，很多情况下，主题由"하지만"引导，本题就是这种情况，由此可知，材料主题为④。
37	理想主义者的梦想世界被称为"乌托邦"，与之相反的则被称为"反乌托邦"。反乌托邦主义者会夸大现实中人们在无意识中已经认可了的危险。举例来说，由于汽车十分方便，每个人都可以开车，所以在未来，人类很有可能会忘记走路的方法，身体变得不再健康，而且会被拥挤的交通困扰。对未来进行判断时，应同时考虑乌托邦和反乌托邦两种观点。 ①梦想的世界可以分为乌托邦和反乌托邦。 ②未来将没有人走路。 ③为了了解未来社会，不能忽略危险倾向。 ❹对未来进行判断时，应同时考虑乌托邦和反乌托邦两种观点。
	材料整体介绍了乌托邦和反乌托邦。主题类题目还有一种情况就是主题隐含在"-아/어야 한다"句式中，本题就是这种情况，因而材料主题是④。
38	"不插电运动"呼吁人们不要过分依赖电器，而是直接进行面对面的交流。随着网络与移动通信技术的普及，人们的生活变得越来越方便，但是方便并不意味着从容。相反，人们似乎比以前更加忙碌，也更加孤独。人们可以随时通过网络获取信息，但是却无法静下来看完一本书或一部电影。人们手里总是拿着手机，但真正感到孤单时，却没有倾诉的对象。虽然我们不能否认现代文明给人类带来的便利，但是更让人怀念的不是发送电子邮件，而是偶尔写写信；不是通过电话联系，而是直接见面交流。

①我们应该否认文明带来的便利。

②随着机器的发展，人们的生活日益便利。

③网络与移动通信技术的普及使得人们更加忙碌。

❹不要过分依赖电器，应该直接见面交流。

材料整体介绍了科技改变人类的沟通方式，巨大的进步也带来了一些隐忧，由最后一句可知，材料主题是④。

39	同一产品，价格越高，人们反而越乐意购买，这种现象被称作"炫耀性消费"，也被称作"凡勃伦效应"。(㉠)"凡勃伦效应"通常存在于奢侈品市场中。(㉡)这种消费现象主要体现在以下几类人群身上：想要炫耀自己与一般人身份不同的富人，想要模仿富人的准富人以及新兴富人。(㉢)这是因为炫耀消费者们要显示自己的身份高于其他人，所以才会购买其他人消费不起的高档奢侈品。(㉣)

炫耀性消费者会避开廉价商品，反而喜欢价格昂贵的商品。

①㉠　　　　　②㉡　　　　　**❸㉢**　　　　　④㉣

所给句子既提到了进行炫耀性消费的人，又提到了这些人的表现，因而放于③可以承上启下，最为自然。

40	(韩语中)有句古话叫"夏天连狗都不感冒"。(㉠)但是在空调功能日益完善的现在，这句话对我们而言，好像说的是别的国家的事。(㉡)如果室内开着空调，室内与室外的温差超过5℃，人体就适应不了了，就会出现轻微的感冒、浑身痛、疲倦等症状，这些都是空调病的信号。(㉢)女性的夏季衣着与男性相比更为暴露，因此也更容易患上空调病。这时，应避免衣着过少，哪怕穿一件薄开衫也会很有帮助。(㉣)

此外，在一直开着空调的室内，穿一件长袖 T 恤衫反而会更有范儿。

①㉠　　　　　②㉡　　　　　③㉢　　　　　**❹㉣**

所给句子以"게다가"开头，证明其前边的内容应与其是并列关系，因而放于④最为自然。

41	韩国四季分明，拥有受到上天眷顾的气候条件。(㉠)春天风沙吹来，对嘴、鼻、喉等呼吸器官以及眼睛、皮肤有害；夏季湿气重，(物品)经常会发霉长毛，出现异味，还不得不与细菌抗争。(㉡)凉爽的秋季让人担忧的事相对较少，但是一到冬天，天气寒冷，必须紧闭窗户、阳台门，还要烧炉子，所以室内十分干燥，污染也很严重。(㉢)因此，我们经常会用到各种季节用品。幸运的是，我们的周围有各种各样的季节用品，因此可以彻底解决一年四季的烦心事。(㉣)

但是对付不同的季节要用不同的方法，十分麻烦。

❶㉠　　　　　②㉡　　　　　③㉢　　　　　④㉣

所给句子以"그렇지만"开头，证明其与前边的内容呈对比关系，因而放于①最为自然。

42 43	星期六，少年来到溪边，看到几天不见的少女正坐在对面的溪边玩水。不知不觉地，他开始过桥了。不久前他在少女面前出过一次丑，以前过桥像走大路一样，但今天他走得格外小心。 "喂。" 少年装作没听见，已经走上岸了。 "喂，这是什么贝壳呀？"

他自己也不知怎的就回过身来，正好看到少女乌黑明亮的眼睛，立刻将视线移到少女的手上。

"缎贝。"

"名字也这么漂亮。"

到岔路口了，少女要往前走大约三里，少年要往右走大约十里。

少女停住了脚步："你去过山的那边吗？"她指着田野的尽头。

"没有。"

"我们一起去怎么样？来乡下后自己一个人太没意思了。"

"看起来太远了。"

"再远能远到哪里？在首尔的时候还去很远很远的地方兜过风呢。"

少女的眼睛似乎在说"傻瓜，傻瓜"。（他们）走过田间的小路，经过收割水稻的田野，稻草人正站在那里。少年晃动草绳，几只麻雀飞了起来。他突然想起今天得早点儿回家赶地里的麻雀。

42. 请选择画线部分少女的语气。

① 不安的　　　　　❷ 恳切的　　　　　③ 心里美滋滋的　　　　　④ 傲慢的

43. 请选择与文章内容相符的选项。

① 少女曾到山对面兜风。　　　　　② 少年没听到少女的话。

❸ 少女觉得一个人在乡下没意思。　　　　　④ 少年只要在少女面前就会出错。

> 42题，少女对少年的请求是真诚的，故选②。43题，少女没去过山对面，故①错；少年听到了少女的话，故②错；少年在少女面前只丢过一次丑，故④错；故选③。

| 44 45 | 寄生虫是一种寄生在我们的身体里、偷偷吸收食物营养的很小的生物。它们会偷走人体所需的营养成分，因此（　　　　），还会引发各种疾病。过去，人们将大便作为农作物的肥料，（导致）很多人体内都有寄生虫。但是随着农药的使用和生活环境的现代化，寄生虫几乎消失不见。然而，最近越来越多的人喜欢有机食品，养宠物的家庭也不断增加，感染寄生虫的人也越来越多。 |

44. 请选择文章主题。

① 寄生虫是可以引发各种疾病的很小的生物。

② 随着生活环境的好转，寄生虫逐渐消失了。

❸ 随着生活环境的变化，寄生虫可能消失，也可能重新出现。

④ 寄生虫是偷走人体所需营养成分的有害生物。

45. 请选择适合填入（　　　　）的选项。

① 对生长有帮助　　　　　② 对健康有益

③ 对农作物的生长有帮助　　　　　❹ 对生长及健康有害

> 44题，材料主要讲了寄生虫以前有，后来消失了，但最近又出现了的内容，故选③。
>
> 45题，寄生虫会偷走人体营养，因而对身体不好，故选④。

46
47
蹦床是将有弹性的绷紧的床面固定在框架上，就像弹力好的床垫一样，非常有弹性。马戏团演员在跳蹦床时，床面会下沉，然后在反作用力的作用下又回到原来的位置，于是开始不断地上下运动。（㉠）这时，如果演员只踩一下床面就跳出去，也就是说床面只受压一次时，床面的振动会慢慢减弱，过不了多久就会停止。但是，在振动停止之前，床面总是会以一定的频率振动。（㉡）这种有规律的振动频率取决于蹦床的大小、式样、床面的材质，以及在蹦床上跳的方式。（㉢）这种振动被称作蹦床的自然振动。（㉣）如上所述，将自然振动与强制振动相结合，使振动逐渐加强的振动被称为"共振"。蹦床正是有效利用共振原理的一种运动器械。

46. 请选择适合填入以下句子的位置。

> 相反，当演员在蹦床上不停地跳时，床面就会一直保持上下运动，这被称为强制振动。

①㉠　　　　　　②㉡　　　　　　③㉢　　　　　　❹㉣

47. 请选择与短文内容相符的选项。
① 蹦床只能通过强制运动停止（振动）。
② 即使不碰蹦床，蹦床也会不停地振动。
❸ **蹦床是利用共振原理的一种运动器械。**
④ 跳蹦床时既可以上下运动，也可以左右运动。

46 题，所给句子是关于"强制振动"的定义，并以"반면에"开头，因而放于④，也就是跟在"自然振动"后最为恰当。47 题，蹦床在只进行一次自然振动时，可以在没有外力影响下，自然停止振动，故①错；要让蹦床不停地振动，需要演员不停地跳，故②错；文中未提及跳蹦床时是否可以左右运动，故④错；故选③。

48
49
50
在几千年的历史长河中，人类的很多遗址已化作尘埃。仅凭一国之力，也许（　　　）文化遗产和遗址。因此，20 世纪 50 年代，在国际社会的共同努力下，人类成功地保护了埃及努比亚地区的遗址和历史文物，开启了人类文物保护运动的新篇章。1972 年 11 月，第 17 届联合国教科文组织大会通过了关于保护世界文化遗产和自然遗产的公约，即《保护世界文化和自然遗产公约》。这份公约对世界文化、自然遗产给出了明确的定义，世界遗产的定义也正是诞生于此时。《保护世界文化和自然遗产公约》在全世界范围内都有影响力，其作用是选出具有特殊意义和极高价值的历史遗址、自然景观，呼吁国际社会共同努力，积极保护。

48. 请选择作者的写作目的。
① 为了介绍文化遗产保护运动的概念。　　② 为了强调文化遗产保护运动的重要性。
❸ **为了阐明文化遗产保护运动开始的背景。** ④ 为了说明必须保护文化遗产的理由。

49. 请选择适合填入（　　　）的一项。
❶ **不可能很好地保护**　　　　　　　　　② 当然要保护
③ 保护起来并不是那么困难　　　　　　④ 保护起来并不是那么复杂

50. 请选择画线部分表达出的作者态度。

①同情得到国际社会帮助的国家。

②批判不积极挺身而出的国际社会。

③担心不能独立保护文化遗产的政府。

❹对国际社会出面保护文化遗产表示赞许。

48 题，材料介绍了对埃及遗址和文物的保护，也介绍了相关公约的产生，这些都是为了③。49 题，由前边的 "수많은 유적이 먼지가 되어 사라졌다" 可知，应选①。50 题，由画线部分中的 "새 장을 연 계기가 되었다" 可知，作者持肯定态度，故选④。

模拟试题2

정답

1	2	3	4	5	6	7	8	9	10
2分	2分	2分	2分	2分	2分	2分	2分	2分	2分
②	③	④	①	④	②	③	②	④	④
11	12	13	14	15	16	17	18	19	20
2分	2分	2分	2分	2分	2分	2分	2分	2分	2分
④	②	③	④	③	①	④	③	③	③
21	22	23	24	25	26	27	28	29	30
2分	2分	2分	2分	2分	2分	2分	2分	2分	2分
③	②	③	②	①	①	②	①	②	③
31	32	33	34	35	36	37	38	39	40
2分	2分	2分	2分	2分	2分	2分	2分	2分	2分
④	②	④	③	③	④	③	②	②	①
41	42	43	44	45	46	47	48	49	50
2分	2分	2分	2分	2分	2分	2分	2分	2分	2分
②	④	②	④	④	②	③	③	④	③

1 钱（　　）买其他东西怎么样?

①即使有（钱）　　❷不够　　③足够多　　④不充裕地

全句表示"在钱不够的条件下，建议买别的东西"。

2 独自生活（　　）现在已经习惯了，可以独自生活。

①越是艰难　　②艰难的程度　　❸虽然很艰难　　④即使很艰难

句子前后内容形成对照，因而应使用表示"转折"的语法。

3 下班路上去洗衣店拿衣服。

①下班地　　②如果下班　　③因为下班了　　❹下班过程中

- 는 길에 ≈ - 다가

4 艺人们的言行当然会对青少年产生影响。

❶肯定产生　　②感觉获得　　③不知道产生　　④不得不得到

- 기 마련이다 ≈ - 는 게 당연하다 ≈ - 게 돼 있다

영향을 주다 / 미치다 / 끼치다 产生影响

5 在这里好像可以触摸到天空，可体验到 2 秒钟落下的感觉。

①跷跷板　　②单杠　　③飞机　　❹游乐器械

由"단 2 초""낙하 체험"可知，这是关于一种"游乐器械"的内容。

6 即将到来的冬天，融化您冰封的身体与心灵。

梦幻的音乐与强烈的感动。

5 月 30 日首映，可以与演员面对面。

①书　　❷电影　　③音乐剧　　④音乐会

由"개봉"可知，这是关于"电影"的内容。

7	如果是我们的孩子喝的水， 孩子的健康，家人的健康，"维尔"守护。 设计简洁 自动感知，每周自动杀菌一次 可提供温水、冷水，甚至冰块。			
	①加湿器	②洗衣机	❸净水器	④吸尘器

由 "마시는 물" "온수" "냉수" 可知，这是关于 "净水器" 的内容。

8	和谐生活的美好心灵 只要您贡献出一点儿自己的空闲和力量，就可以产生一个大家庭。 请献出您充满希望的力量。			
	①结婚	❷志愿活动	③修理	④公寓

由 "더불어 살아간다" "나의 힘을 나누다" "힘을 모으다" 可知，这是关于 "志愿活动" 的内容。

9	父母子女读书治疗教室 日期：6月—10月 每周六 10：00—12：00 内容：①妈妈与孩子制作童话书。 ②了解读书指导方法后，与专家座谈。 ③孩子与妈妈共同接受读书教育及读书治疗。 对象：妈妈 + 小学生子女 优惠：赠送孩子与妈妈制作童话书的材料及童话书。 ＊只限到10月可一直参加活动的团队。
	①每月上课一次，每次 2 个小时。 ②爸爸可以和儿子一起参加。 ③6月到10月间，只听课 1 个月即可。 ❹参加课程可以得到童话书作为礼物。

上课时间是每周一次，不是每月一次，故①错；参加活动的是妈妈和孩子，而不是爸爸和孩子，故②错；并不是只听课 1 个月，而是要一直听课，故③错；故选④。

10	各收入阶层购买名牌的理由	
	自我炫耀	单位：%
	不被瞧不起	低收入阶层（299 万韩元以下）
	别人都在用	高收入阶层（800 万韩元以上）
	品质好	＊收入为家庭月收入。
	自我满足	＊资料：韩国消费资源
	①低收入阶层与高收入阶层中购买名牌的人数都在增加。 ②高收入阶层购买名牌的最重要原因是自我炫耀。 ③高收入阶层中很多人为了不被别人瞧不起而买名牌。 ❹认为 "购买名牌与收入没有关系，而是为了自我满足" 的人最多。	

	从材料中无法看出消费人数是否在增加，故①错；高收入阶层购买名牌最重要的原因是自我满足，而不是自我炫耀，故②错；高收入阶层中为了不被别人瞧不起而买名牌的人并不多，故③错；故选④。
11	杂粮饭中含有丰富的膳食纤维、维生素、蛋白质等营养物质，因此被称为综合营养剂。杂粮饭最大的优势便是其丰富的膳食纤维。由于（含有丰富的）膳食纤维，正在减肥的人或糖尿病患者应多吃杂粮饭。但并不是所有的人都适合杂粮饭，（仍然是因为）杂粮饭含有丰富的膳食纤维，因而，消化不好的儿童、老人、胃病患者以及消化能力较弱的人应避免食用。 ①杂粮饭适合男女老少。　　　　　　②吃了杂粮饭后，就不用再吃营养素了。 ③胃不好的人适合吃杂粮饭。　　　　❹杂粮饭最大的优点是富含膳食纤维。
	杂粮饭并不是谁都适合，对消化不好的老人和儿童来说，就不适合，故①错；杂粮饭虽然营养丰富，但材料中并未提及是否可以不再补充其他营养素，故②错；杂粮饭并不适合胃不好的人，故③错；故选④。
12	我有一个从幼儿园开始就一起玩儿的发小。我和他从小学、初中，一直到高中都在同一所学校。我们之间的友谊也非常深厚。但是高中毕业后，朋友一家移民了，我们不能再见面了。移民之前，朋友约定送我机票作为礼物，我也约好一定赚钱去看他。所以为了这个假期能和朋友见面，我正在努力打工。 ①朋友送我机票作为礼物。 ❷我为了见朋友，正在工作。 ③我高中毕业后就移民了。 ④我和朋友从幼儿园开始一直到大学都在同一所学校。
	朋友只是约好会送机票，实际是否送了，材料中并未提及，故①错；移民的不是作者，而是作者的朋友，故③错；作者和朋友一直到高中都在同一所学校，大学是否同校并未提及，故④错；故选②。
13	（가）政府确定劳动者最低工资额并强制执行的制度被称为"最低工资制"。 （나）经济困难时，由于就业困难，实行最低工资制并不一定是好事。 （다）如果最低工资上涨，企业负担加重，那么公司可能会裁员，很多劳动者就会失业。 （라）这项制度虽然有很多好处，但也并不是只有好的一面。 ①　　　　　　②　　　　　　❸　　　　　　④
	"가"提出了一般性的事实，因而是第一句；"라"是对前一句的评价；"다"是针对前一句的例证；"나"以"따라서"开头，一般是结论，大多数情况下是最后一句；故选③。
14	（가）这被称作"自我防御机制"。 （나）否定是当出现自身难以接受的现实时，干脆否认的现象。 （다）防御机制会在出现心理危机的情况下自行出现，主要表现为否定、自我合理化及拖延。 （라）当人承受很大压力时，会从情感创伤开始，保护自己的内心，这时会无意识地自我欺骗或者对现实做出荒唐的解释。 ①　　　　　　②　　　　　　③　　　　　　❹

15	（가）杂种原本是指栽培植物时，通过多个品种的杂交而获得的新种子。
	（나）并不只局限于植物，凡是通过将两个以上的事物结合，从而产生新的、更优良事物的情况都可以使用。
	（다）但是现在有了更宽泛的含义。
	（라）举例来说，最典型的是将以石油为燃料的普通汽车与电动汽车相结合的混合动力汽车。
	①　　　　　　　②　　　　　　　❸　　　　　　　④
	"가"提出了一般性的事实，因而是第一句；"다"在前一句的基础上用"하지만"表示转折，开启了一个新话题；"나"对前一句提到的新话题进行了总体说明；"라"是针对新话题的例证；故选③。
16	所谓精英体育，是指将有实力的选手集中起来单独训练的制度。比起大众体育，这一制度的重点在于只培训少数有实力的运动员。反之，侧重于全民通过锻炼享受健康生活的体育就是大众体育，即，精英体育将运动职业化，专门培养运动员，而大众体育则是全民（　　）的运动。所以，为了大多数人的身体健康，应该发展大众体育。
	❶基于兴趣和业余活动　　　　　　　②以和专业运动员相同的标准
	③以与有实力的运动员相似的标准　　　④以职业运动为标准
	括号内要求填入的是对"생활 체육"的修饰语，综合全文可知，应选①。
17	根据黑白定律，世界上所有的事物只分为两种。简单来说，所有事物都可以分为善与恶、正确与错误、我军与敌军等，但是世界上的事并不都是（　　）。因此，如果只是根据黑白定律思考问题，就很容易判断错误或出现失误。为了解决这个问题，应该抛弃原有的一分为二、二中选一的思考方式，寻找新的方法。
	①复杂地包含两种　　　　　　　　　②简单地排除两种
	③明确合并为两种　　　　　　　　　❹明确地分为两种
	括号所在句中的"하지만"表明这是一句与前述内容相反的句子，综合全文，应选④。
18	科学与人文学科有密切的关系，特别是语言学，以客观、科学的方法为基础进行研究，因此可以称之为与科学紧密相关的学科。最近，我们经常可以看到电脑听到人类声音后进行识别，然后（　　）。例如，只要听到司机的声音，就可以导航的语音识别导航装置，无须按钮即可进行语音识别的电梯，只听到声音就能翻译的智能手机应用程序等。
	①根据不同的过程，快速比较并得出结果
	②根据不同的结果做出正确的判断，并进行对话
	❸根据不同状况，做出适当回应，并进行对话
	④根据不同环境进行从容的对比，并得出结果
	材料全文讲的是语音识别的内容，括号所在句之后都是具体的事例，由上下文可知，括号中应填入概括性的内容，综合语音识别常识可知，应选③。

19
20
蒙太奇可以将电影或戏剧中主题相同的独立场景组合成一部作品。在电影或戏剧中使用蒙太奇时，组合在一起的各个故事或要素必须是独立的，才能组合成同一主题的作品。换句话说，每个故事的主人公必须是完全不同的，故事也是完全不同的。（　　）小说中经常使用的流浪汉框架，虽然与蒙太奇的形式类似，但是各个故事的主人公都是同一个人，或者相互之间有密切的联系，而且大多以第一人称的口吻描写。这样看来，蒙太奇与流浪汉小说虽然略有差异，但二者都是通过若干故事表达同一主题。

19. 请选择适合填入（　　）里的一项。

①果然　　　　　　　　②好像　　　　　　❸相反　　　　　　　④即使

20. 请选出与短文内容相符的一项。

①流浪汉小说中包含一个故事及一个主题。

②蒙太奇虽然由不同的故事构成，但是主人公和主题都是相同的。

❸流浪汉框架与蒙太奇的形式相似，主要用于小说中。

④蒙太奇与流浪汉框架都通过不同的故事表达了不同的主题。

﹡流浪汉小说兴起于16世纪的西方，主要以流浪汉的视角描写城市下层生活。到了现代，其含义已发生变化，指的是用一条线索将若干个相对独立的故事串联起来的一种文学结构，类似于公路小说。

19题，括号前后对比了电影和小说在框架上的不同点，内容上形成对照，因而应选择表示"对比"的③。20题，流浪汉小说并不是只有一个故事，而是有多个故事，故①错；蒙太奇中的主人公都是不同的，故②错；两种形式都是为了表现同一个主题，故④错；故选③。

21
22
随着退休年龄的提前，退休后创业的情况不断增加。但是这种退休后的创业能给个人或社会带来好处吗？退休后创业很多是失业型创业。进行失业型创业的人大部分是为了维持退休后的生计，或者作为就业的替代手段而创业。这只是为了（　　）不得已而为之。他们只是为了维持生计，很难实现企业化，也不会有很强的竞争力，因而也很难维持较长时间，最后只能关门。

21. 请选择适合填入（　　）里的一项。

①下嘴，吃饭；吸烟　　　　　　　②异口同声

❸糊口　　　　　　　　　　　　　④非常满足

22. 请选出短文的中心思想。

①失业型创业还是干脆不要开始的好。

❷虽然创业率提高了，但也并不一定都是好事。

③失业型创业的增加对经济有益。

④由于退休年龄提前，越来越多的人对创业产生兴趣。

21题，由上下文可知，括号内应填入表示"维持生计"的内容，故选③。22题，材料主要说的是失业型创业的负面影响，并没有提及是否干脆不进行失业型创业的事，最后一句体现了这一中心思想，故选②。

23 24	我决定从工作了三年的公司辞职，然后出国留学。留学前打算和同事一起去旅行。由于同事非常忙，所以我帮他买了机票，并满心欢喜地做好了一切旅行准备。但是就在出发的前一天，同事打来了电话，他说："怎么办呢？公司有事，不能陪你一起旅行了，真的很抱歉。"<u>我一下子变得十分失落，但是公司里经常出现类似的事，我也只能理解，</u>但是心里还是十分郁闷，于是跟好朋友打电话抱怨。听完我的话，朋友说："我和你一起去怎么样？"只是一起旅行的人变了而已，我的旅行还是按原计划进行。那次旅行给我留下了许多迄今为止最美好的回忆。 23.请选择画线部分作者的心情。 ①很生同事的气，但是忍住了。　②很失落，埋怨同事。 **❸虽然很失落，但还是理解同事。**　④同事没能遵守约定，对他很失望。 24.请选出与短文内容相符的一项。 ①我和同事一起为旅行做准备。　**❷我最终还是按原计划旅行了。** ③我为了旅行而从公司辞职了。　④我不大满意和朋友一起的旅行。
	23题，作者一直在满心欢喜地准备旅行，但在出发前一天被拒绝，内心的失落是必然的，但同事的理由又是可以理解的，故选③。24题，为旅行做准备的只有作者一个人，同事并没有参与，故①错；作者去旅行是因为辞职后打算去留学，故③错；和朋友一起的旅行给作者留下了许多美好的回忆，故④错；故选②。
25	天气暖洋洋……全国有名的山和滑雪场熙熙攘攘 **❶由于天气变暖，全国有名的山和滑雪场因游客众多而变得十分拥挤。** ②由于天气变暖，很少有人去全国有名的山和滑雪场。 ③尽管天气寒冷，但还是有很多人去全国有名的山和滑雪场。 ④由于天气严寒，所以有很多人去了全国有名的山和滑雪场。
	核心词是"포근하다（暖和）"和"북적북적（熙熙攘攘）"，因而标题整体意思为①。
26	经济不景气，企业先后破产，银行也岌岌可危 **❶由于经济不景气，企业纷纷破产，银行也陷入困境。** ②由于市场繁荣，很多企业想要创业，银行忙得不可开交。 ③即使经济不景气，还是有很多企业不断成长，银行也充满活力。 ④经济不景气，企业纷纷破产，只有银行存活了下来。
	核心词是"불황（不景气）""줄줄이（接连）""파산（破产）"和"휘청（摇摇晃晃）"，因而标题整体意思为①。
27	由于频繁下雨及炎热，食材价格大幅上涨 ①由于干旱和酷暑，食材价格较之以前大幅上涨。 **❷频繁下雨加上酷暑，导致食材价格大幅上涨。** ③虽然降雨量减少了，但是天气炎热，导致食材价格大幅上涨。 ④尽管气温上升，但是由于不下雨，所以食材价格较之以前下降很多。
	核心词是"잦은（频繁）""폭（幅度）"和"상승（上升）"，因而标题整体意思为②。

28	在欧洲众多的文化遗产中，最受争议，同时也是研究最深入的是史前巨石阵。巨石阵在世界上是（　　），可以领略到史前时代的巨石文化。因为这种世界其他地方都没有的神秘外观，产生了很多关于史前巨石阵的猜测和研究，甚至有人认为巨石阵是由外星人建造的。 ❶十分少见而独特的　　　　　　②一眼就能看明白的 ③色彩丰富、装饰华丽的　　　　　④每个地方都有的、非常常见的
	材料讲的是关于巨石阵的内容，由"다른 곳에서 찾아볼 수 없는"可知，括号中应填入①。
29	自由学期制试行前夕，（　　）。首先，支持者们认为：在自由学期制下，学生们可以摆脱对考试的担忧，还可以提前根据自己的兴趣爱好及个性为将来做准备。反对的一方则认为：由于至今未能形成很好的体验式学习及实习体系，所以，如果实行自由学期制，学生们的学习能力可能会下降，而课外培训班等也可能会更加猖獗。 ①意见一致　　　　❷意见不一致　　　　③意见混淆　　　　④正在反映意见
	材料主要讲的是关于"自由学期制"的内容，由后文既有赞同意见，又有反对意见可知，作为开头概括性内容，括号中应填入②。
30	说起大邱这座城市，人们经常会想起纤维产业及闷热的天气，但是如果看到大邱鳞次栉比的咖啡店，很多人可能会大吃一惊。大邱的咖啡店数量与人口的比例在韩国是最高的。大邱的咖啡业十分发达，以至于每年都会举行国际咖啡博览会。这里有很多（　　）的有个性的咖啡店，它们不为世界著名咖啡连锁店的全球性热潮所动。 ①中途放弃　　　　　　　　　　②充满朝气地返回 ❸坚定地走自己的路　　　　　　④光明正大地走其他的路
	材料主要说的是大邱咖啡店的内容，由最后的"열풍에도 흔들리지 않고"反推可知，括号中应填入③。
31	大树哪怕只是立在那里也会为人类提供树荫及生存必不可少的氧气。木材是人类生活中（　　）的材料之一，而且从很久以前开始就有多种用途：人们用木头造房子，造船，甚至用作药材及燃料等。现在随着各种新材料的开发，木材虽然不像以前那样用途广泛，但是依然在我们的生活中十分有用，必不可少。 ①很容易找到，但是加工不方便　　②很难找到，而且加工不方便 ③最难找到且珍贵　　　　　　　　❹最容易找到也最容易加工
	材料主要讲了关于木材用途的事，结合上下文可知，括号中应填入描述木材性质的内容，由后文木材用途多样可知，应选④。
32	虽然多睡觉并不能减轻体重，但是睡眠不足却会导致体重上升。睡眠不足之所以会使体重增加的原因之一是：睡眠不足会使人体分泌压力激素。这种激素会使人产生饥饿感，并让人想吃油腻的食物。有研究结果称：如果睡眠时间减少到4个小时，两天后血液中刺激食欲的激素浓度会提高30%；反之，抑制食欲的激素浓度则会降低18%。 ①睡得越多，体重减少得越多。 ❷如果睡眠不足就会产生压力激素。 ③越是吃得不好，就越想吃油腻的食物。 ④减少睡眠时间就能刺激抑制食欲的激素（分泌）。

33	（目前）65 岁以上的老年人口已经突破 600 万，人类有望迎来 100 岁时代。很多退休后的老人希望可以（继续）赚钱，但是却很少有公司能为他们提供工作岗位。最近有公司积极雇佣老人，引起了人们的关注，这是一家名为"地铁快递高手"的快递公司。因为国家为 65 岁以上的老人提供免费地铁车票，受此启发，这家公司将雇佣老年人与免费车票结合起来，通过这个方法，这家公司可以提供比货车及摩托车快递更便宜的服务。 ①退休后老人们希望休息。 ②很多公司招聘 65 岁以上的老人。 ③地铁快递和摩托车快递价格差不多。 ❹65 岁以上的老人可以免费乘坐地铁。
	很多退休后的老人希望可以赚钱，故①错；很少有公司会雇用 65 岁以上的老人，故②错；地铁快递比摩托车快递便宜，故③错；故选④。
34	忠清南道保宁市为了让孩子们与家人一起体验农村生活、亲自栽培绿色食品，决定为市民们提供周末农场。周末农场预计可以满足 50 个家庭的需要，租金为每年 4 万韩元。申请时间为本月 27 日至下个月 12 日，为期 14 天。可通过电话或现场申请。如果申请人员过多，会优先考虑低收入家庭和多子女家庭。 ①农村人手不够，所以给市民分配周末农场。 ②周末农场按先后顺序免费提供给 50 个家庭。 ❸如果申请家庭过多，会优先考虑孩子多的家庭。 ④可通过电话及网络申请，申请时间为两周。
	提供周末农场是为了让孩子们与家人一起体验农村生活，而不是因为农村人手不够，故①错；周末农场并不是免费的，故②错；可通过电话或现场申请，未提及网络，故④错；故选③。
35	独自生活的人并不需要一般家庭中使用的大型家具或很多日用品，这时便出现了"solo economy（个人经济）"。个人经济是指在商品及服务市场中，企业以单人家庭为对象，生产并销售产品的现象。个人经济的代表性产品有按一人份包装的食材，以及经过简单烹饪即可食用的"小包装、小分量"食品，还有小型家电。随着房子越来越小，出现了单人用饭锅、壁挂式洗衣机、折叠式餐桌等产品，家电和家具都在变小，个人经济也逐渐受到人们的关注。 ①小型家电及一人份食品正在逐渐减少。 ②随着房子越来越小，越来越多的人选择独自生活。 ❸满足单人需要的产品正逐渐受到人们的欢迎。 ④即使是独自居住，也需要一般家庭中使用的家具及日常用品。
	材料整体介绍了个人经济的发展情况，由最后一句可知，材料主题为③。
36	墨西哥首都墨西哥城曾经与其他城市一样，污染十分严重。其原因在于人口众多，而相应的净化设施却远远不能满足需求。空气污染曾使整座城市一度十分憋闷，但现在已经可以自由呼吸了，其秘诀就是在城市中央建造了一座 4 层楼高的垂直雕刻庭园。得益于这座垂直庭园，温室气体减少了，噪声被吸收了，空气被净化了。通过这些措施，城市环境得到了全面改善。

①墨西哥城和其他城市一样环境污染十分严重。

②由于墨西哥城的净化设施不够，所以连呼吸都很困难。

③墨西哥城通过建造垂直庭园营造保护环境的氛围。

❹墨西哥城通过建造垂直庭园，开始逐渐摆脱环境污染。

材料整体介绍了墨西哥城治理污染的情况，由最后一句可知，材料主题为④。

37	每个人都有过看电视或读书时忘记关灯就睡着了的经历。如果开着灯睡，第二天醒来就会感觉没休息好，并很容易产生疲劳感。在光线充足的地方不能入睡或很难进入深度睡眠的原因是：当我们长时间处于光线充足的环境中时，人体就会停止分泌促进睡眠的激素，这种激素被称为"褪黑素"。如果（褪黑素）分泌不足，就会延长入睡时间，同时无法进入深度睡眠。褪黑素一般在晚上 9 点之后进入分泌旺盛期，因而最好从此时开始就将灯光调暗。 ①睡眠与照明没有任何关系。　　　　　　②为保证睡眠，最好早睡。 ❸为了促进睡眠，最好将周围的灯光调暗。　④睡觉之前看电视或读书会妨碍睡眠。

材料主要讲了光线对睡眠的影响，由最后一句可知，材料主题为③。

38	人们可以通过网络便捷地获取（各种）产品信息，因此，越来越多的人喜欢海外直购。海外直购也有缺点。由于配送距离远，因此产品出现破损的风险很大，而且一旦需要换货或退货就会很不方便。此外，配送时间也很长。但是消费者们明知有这些不便之处，对海外直购还是趋之若鹜。其原因在于：海外直购比在国内购买要便宜得多。即使是同一件商品，如果在打折期间进行海外直购，甚至会比在国内购买便宜70% ~ 80%。 ①由于网络的发展，人们可以很容易地获取产品价格信息。 ❷由于价格低廉，越来越多的人喜欢海外直购。 ③即使不打折，海外直购也比在国内购买更合算。 ④海外直购不光运输周期长，而且在运输过程中有发生破损的风险。

材料整体讲了消费者青睐海外直购的原因，尽管会遇到这样那样的问题，但由于价格低廉，人们还是喜欢海外直购，因而材料主题为②。

39	有很多动物在危险的野外环境中依靠身上尖锐的刺保护自己。由于动物身上的刺看上去非常有威胁性，因此使得其他动物不敢轻易发起攻击。（㉠）动物身上的刺除了可以保护自己、威胁其他动物之外，还有很多别的用处。（㉡）在像刺一样的凸起之间有非常小的孔，皮肤一接触到湿气就能马上吸入。（㉢）而且吸入的湿气可以储藏在刺的下面，即使是在干旱的沙漠中，也能生存下来。（㉣） 比如，生活在澳大利亚沙漠里的棘蜥不仅用身上的刺保护自己，还将水储藏在刺的下面。 ①㉠　　　　　❷㉡　　　　　③㉢　　　　　④㉣

所给句子以"그 예로"开头，因而是作为例证出现的，故而放于②比较自然。

40 今天晚上将现场直播钢琴家韩润的演奏会。（㉠）之后他将钢琴曲的几种体裁融合在一起，成为了广受欢迎的钢琴家，最近活跃在多个领域。（㉡）除了制作专辑和参加演出外，他还活跃于电视剧音乐制作等多个可以进行钢琴曲创作的领域，此外，还担任音乐剧主人公，不断进行音乐创作。（㉢）在这次的演出中，韩润将会演奏自己作词作曲的曲目，为观众们展示他与以往不同的新面貌。（㉣）

> 比起同龄人，韩润开始学习钢琴的年龄比较大，在音乐大学作曲系学习电影音乐创作。

❶㉠   ②㉡   ③㉢   ④㉣

所给句子介绍了"韩润"早期的情况，综合全文，放于①最为自然。

---

41 讲故事指的是将故事内容有条理地组织到一起，完整地讲述出来。（㉠）把一个故事讲好能使听故事的人心情愉悦。（㉡）我到现在依然记得奶奶给我讲的从前的故事。（㉢）仔细回想那些百听不厌的故事就会发现：故事是有着清晰的结构的。以结构为框架，如何向框架里填补内容是能否把一个故事讲好的关键。（㉣）

> 听故事的人心情愉悦就意味着他完全理解了故事讲述者的意图和意思。

①㉠   **❷**㉡   ③㉢   ④㉣

所给句子说的是听故事的人如何，可以作为一个概括性的句子出现，综合全文，放于②最恰当。

**42
43** 尹直员老先生从人力车上下来后，本想整理一下敞开的袍子，结果又返回去了，然后谄笑着打开了系在腰间的青色荷包。

"车费多少钱？"

听口音是全罗道人无疑，但是这话却听着有些轻佻。

"您看着给吧。"

车夫弯着用毯子包住的腰说。这话对那些文雅的人来说，可能有些客套，但在这个衣着肥大的老人面前，车夫说的时候却是真心实意的、厚道的。

"嗯，是吗？那，你走吧！"

尹直员不屑地看了一眼车夫，扭过头去，把解开的荷包重新系上了。车夫不知如何是好，开始不停地四处张望，心想可能是要赖账，一边挠着后脑勺，一边问：

"那明天我还来吗？"

"明天？明天来干什么？"

尹直员的心情现在有点儿不太好，再加上本来就有许多（关于他的）闲言碎语，他的脸色逐渐变了。

车夫心里想，来干什么，当然是来拿你欠的车费了，但这种无礼的话是不能直说的。于是车夫不知道该说什么了，只是觉得很为难。这一边，完全不体谅别人的尹直员老先生一副现在我要说的话都说完了的样子，慢慢地转身走了。

42. 请选择画线部分尹直员话中的语气。

①不安   ②恳切   ③惬意   **❹高傲**

43. 请选择与文章内容相符的选项。

①车夫对文雅的客人总是不收车费。   **❷**尹直员完全没有想过要付给车夫车费。

③尹直员想赊欠车夫的车费。   ④车夫直接向尹直员要车费。

	42 题，从后文看，此处尹直员的语气是④。43 题，不管客人是否文雅，车夫都是要收车费的，故①错；尹直员不是想赊欠，而是想直接不给，故③错；车夫并没有直接要车费，故④错；故选②。
44 45	如果把我们活动时身体所产生的动能和热能收集起来，就可以发电。另外，当电风扇转动时，电机产生的热量也可以再次被转化为电能。在我们周围将（　　）能量转化成电能的技术被称为"能量收集技术"。这种技术可以利用人们走或跑时双脚产生的压力和胳膊的摆动发电，还能利用我们为了维持体温所产生的热量发电。能量收集技术可以利用热量、振动、电磁波、运动等多种形态的能量。使用煤炭、石油等化石能源会造成环境污染和资源枯竭，因而能量收集技术作为其应对方案，越来越受到人们的关注。 44. 请选择文章主题。 ①人们开发了一种能将我们身体产生的能量收集起来发电的新技术。 ②能量收集技术就是将动能和热能转化为电能的技术。 ③由于滥用化石能源，环境污染和资源枯竭问题变得越来越严重。 ❹可以解决环境污染和资源枯竭问题的能量收集技术引起了人们的关注。 45. 请选择适合填入（　　）的选项。 ①整整齐齐叠放的　　　　　　　　　　　　②提前计划收集好了的 ③可低价制作的　　　　　　　　　　　　　❹无意间丢掉的多样的
	44 题，主要讲了能量收集技术的内容，前边的内容都是为最后提出主题做的铺垫，主题体现在最后一句，故选④。45 题，材料中提到能量收集技术可以利用人们走或跑时双脚产生的压力和胳膊的摆动发电，还能利用我们为了维持体温所产生的热量发电，而这些能量都具有④的性质。
46 47	智能手机时代与之前相比，其根本性的差异就是人们所享受的服务发生了变化。（㉠）语音通话和短信作为手机最基本的服务，其使用量正在减少，而新兴的数据流量服务正在不断增加。（㉡）虽然各电信运营商的额外费用（核算标准）不尽相同，但是换算之后会发现额外费用已经远远超过了基本的通信费用，导致用户负担不断加重。（㉢）为此，电信运营商们正在共同推行"最高收取 15 万韩元"的政策，而且各电信运营商还会提供区间打折、流量限量关停等与数据流量相关的服务。（㉣） 46. 请选择适合填入以下框内句子的位置。 ┌──┐ │智能手机套餐制下，不同套餐均含有一定的数据流量，超过套餐规定流量时，│ │就要根据超出的流量另行收费。　　　　　　　　　　　　　　　　　　　　│ └──┘ ①㉠　　　　　　　❷㉡　　　　　　　③㉢　　　　　　　④㉣ 47. 请选择与短文内容相符的选项。 ①智能手机出现前与出现后没什么区别。 ②智能手机数据流量就算用得再多也不会额外收费。 ❸随着智能手机数据流量使用的不断增加，短信使用量不断减少。 ④如果用智能手机看几部电影，话费可能超过 15 万韩元。
	46 题，所给句子讲了关于"另行收费"的问题，因而应该放于进一步详述"另行收费"的内容之前，故选②。47 题，智能手机出现前后差别巨大，故①错；手机流量超出套餐规定额度后，会被收取额外的费用，故②错；"15 万韩元"只是电信运营商们正在推行的一项话费 15 万韩元封顶的政策，无法据此推断出用手机看几部电影话费是否就会超过 15 万韩元，故④错；故选③。

<table>
<tr><td>48
49
50</td><td>最近，中小型书店经营遇到了危机。其最大的原因是：随着数码产品的普及，人们的阅读量逐渐减少。随着网上书店的发展，实体书店沦为了人们去网上书店下单之前的体验馆，这也成为其面临危机的原因之一。此外，和地处市中心的大型书店相比，地方书店或旧书店（　　）多少有些不便，这也是其经营困难的原因。为了解决这一危机，书店界提出了一系列解决办法，例如，地方书店举办拉近与居民距离的文化活动、与地方企业结对子合作、通过社会团体举办地方书店活动等。但也有人指出：暂且不说这些方法到底能在多大程度上奏效，宣传地方书店的这些活动不仅和图书没有直接关系，而且也并不能认为是真正可以盘活书店的方案。<u>另外，中小书店要负担与活动有关的全部费用，这也阻碍了中小书店的参与。</u>与其给中小书店增加负担，还不如探索出一个书店、地方企业和居民合作解决问题的方案。</td></tr>
</table>

48. 请选择作者的写作目的。

① 为了说明大型书店受欢迎的原因。

② 为了阐明地方书店经营越来越困难的原因。

❸ 为了揭示可以盘活地方书店的方法。

④ 为了分析书店经营遇到的危机。

49. 请选择适合填入（　　）的一项。

① 规模大，价格低，因而在图书购买方面

② 规模小，与大型书店不同，熟悉起来

③ 有亲和力，像大型书店一样便于选书

❹ 没什么亲和力，在不用看别人脸色、尽情选购方面

50. 请选择画线部分表达的作者态度。

① 支持缺乏经验的中小型书店。

② 对因与文化活动相关而获得赞助持友好态度。

❸ 担心全权负责的中小书店。

④ 批判那些和书籍没有直接关系的文化活动。

48题，材料说明了中小书店面临的困局和解决方法，提到这些的终极目的是③。49题，因为前边提到"和地处市中心的大型书店相比"，因而需要填入与大书店相反的特征，②中提到"익숙해지기"，这一点在实际买书时并不太需要，故选④。50题，由于中小书店要负担活动全部的费用，因而限制了他们的积极性，作者对此表示担忧，故选③。

考 试 说 明

1. 考试分为听力、写作和阅读三个部分。正式考试时，试题分两部分下发，第一部分为听力和写作，第二部分为阅读。第二部分试题会在第一部分考试临近结束时下发。

2. 考试时间为 180 分钟，第一部分占时约 120 分钟，第二部分约 60 分钟。第一部分结束后，会收回答题卡和试题。做模拟试卷时，建议按上述时间进行。

3. 客观题直接将答案涂在答题卡上。

4. 正式考试时考场会提供专用答题笔。笔分粗细两头。细头用来书写姓名、考号，以及解答主观题。粗头用来填涂客观题。

번호	답 란			
1	①	②	③	④
2	①	②	③	④
3	①	②	③	④
4	①	②	③	④
5	①	②	③	④
6	①	②	③	④
7	①	②	③	④
8	①	②	③	④
9	①	②	③	④
10	①	②	③	④
11	①	②	③	④
12	①	②	③	④
13	①	②	③	④
14	①	②	③	④
15	①	②	③	④
16	①	②	③	④
17	①	②	③	④
18	①	②	③	④
19	①	②	③	④
20	①	②	③	④

번호	답 란			
21	①	②	③	④
22	①	②	③	④
23	①	②	③	④
24	①	②	③	④
25	①	②	③	④
26	①	②	③	④
27	①	②	③	④
28	①	②	③	④
29	①	②	③	④
30	①	②	③	④
31	①	②	③	④
32	①	②	③	④
33	①	②	③	④
34	①	②	③	④
35	①	②	③	④
36	①	②	③	④
37	①	②	③	④
38	①	②	③	④
39	①	②	③	④
40	①	②	③	④

번호	답 란			
41	①	②	③	④
42	①	②	③	④
43	①	②	③	④
44	①	②	③	④
45	①	②	③	④
46	①	②	③	④
47	①	②	③	④
48	①	②	③	④
49	①	②	③	④
50	①	②	③	④

한국어능력시험
TOPIK II
2 교시 (읽기)

| 성 명 | 한국어 (Korean) |
| (Name) | 영 어 (English) |

번호	답 란
1	① ② ③ ④
2	① ② ③ ④
3	① ② ③ ④
4	① ② ③ ④
5	① ② ③ ④
6	① ② ③ ④
7	① ② ③ ④
8	① ② ③ ④
9	① ② ③ ④
10	① ② ③ ④
11	① ② ③ ④
12	① ② ③ ④
13	① ② ③ ④
14	① ② ③ ④
15	① ② ③ ④
16	① ② ③ ④
17	① ② ③ ④
18	① ② ③ ④
19	① ② ③ ④
20	① ② ③ ④

번호	답 란
21	① ② ③ ④
22	① ② ③ ④
23	① ② ③ ④
24	① ② ③ ④
25	① ② ③ ④
26	① ② ③ ④
27	① ② ③ ④
28	① ② ③ ④
29	① ② ③ ④
30	① ② ③ ④
31	① ② ③ ④
32	① ② ③ ④
33	① ② ③ ④
34	① ② ③ ④
35	① ② ③ ④
36	① ② ③ ④
37	① ② ③ ④
38	① ② ③ ④
39	① ② ③ ④
40	① ② ③ ④

번호	답 란
41	① ② ③ ④
42	① ② ③ ④
43	① ② ③ ④
44	① ② ③ ④
45	① ② ③ ④
46	① ② ③ ④
47	① ② ③ ④
48	① ② ③ ④
49	① ② ③ ④
50	① ② ③ ④

수 험 번 호

⓪ ① ② ③ ④ ⑤ ⑥ ⑦ ⑧ ⑨

8

※ 결 시 결시자의 영어 성명 및
확인란 수험번호 기재 후 표기

※ 답안지 표기 방법(Marking examples)
바른 방법(Correct) 잘못된 방법(Incorrect)
✓ ⊙ ⊗ ✗

※ 위 사항을 지키지 않아 발생하는 불이익은 응시자에게 있습니다.

※ 감독관 본인 및 수험번호 표기가 (인)
확 인 정확한지 확인